Couverture inférieure man[quante]

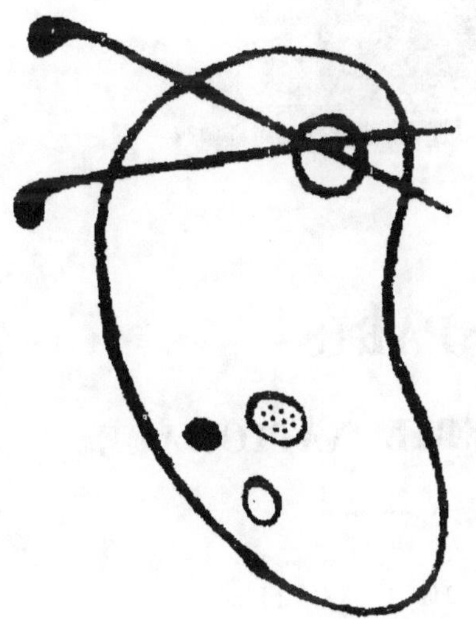

Début d'une série de documents en couleur

DOCUMENTS INÉDITS

SUR

L'INVASION ANGLAISE

ET

LES ÉTATS AU TEMPS DE PHILIPPE VI

ET DE JEAN LE BON

PAR

A. GUESNON

PARIS

IMPRIMERIE NATIONALE

—

M DCCC XCVIII

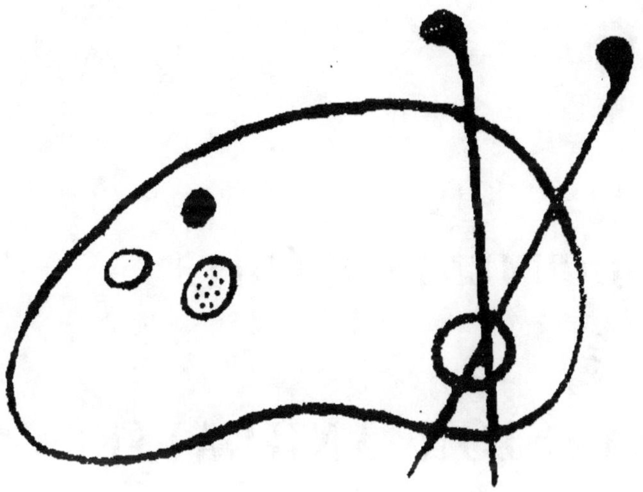

Fin d'une série de documents
en couleur

DOCUMENTS INÉDITS

SUR

L'INVASION ANGLAISE

ET

LES ÉTATS AU TEMPS DE PHILIPPE VI

ET DE JEAN LE BON.

Extrait du *Bulletin historique et philologique*, 1897.

DOCUMENTS INÉDITS

SUR

L'INVASION ANGLAISE

ET

LES ÉTATS AU TEMPS DE PHILIPPE VI

ET DE JEAN LE BON

PAR

A. GUESNON

PARIS

IMPRIMERIE NATIONALE

—

M DCCC XCVIII

DOCUMENTS INÉDITS

SUR

L'INVASION ANGLAISE

ET

LES ÉTATS AU TEMPS DE PHILIPPE VI

ET DE JEAN LE BON

Les vingt-cinq pièces comprises dans cette communication — lettres royaux, correspondances intercommunales, comptes de chevauchées, tenues d'États, levées de subsides — se rapportent à la première période de la guerre de Cent ans dans le Nord et se groupent autour des dates suivantes : 1° 1339-1340 ; 2° 1346-1347 ; 3° 1356-1357 ; 4° 1362-1363.

I

La première est une lettre missive adressée le 17 février 1340 par l'échevinage de Gand à celui d'Arras [1]. Elle suivait de près, si même elle ne l'accompagnait, un exemplaire en français du manifeste latin lancé de cette même ville le 8 février, manifeste dans lequel Édouard III, se proclamant l'héritier légitime de Charles le Bel, revendiquait ses droits à la couronne et prenait le titre de roi de France [2].

La lettre des Gantois, après avoir exposé tout au long les arguments de leur nouvel allié, presse les Artésiens de faire cause commune avec la Flandre, ajoutant « que de ce meismes propos estoit leur conte avant qu'il alast darrainement vers le roialme de France, et qu'il avoit commandé à aulcuns de ses gens de traitier les dites coses avec les gens du Roy d'Angleterre ».

Cette assertion plus que suspecte, qui semblerait n'avoir pour but que de justifier leur démarche, cachait sans doute en même temps une manœuvre perfide destinée à compromettre le fidèle

[1] Pièce I, p. 11.
[2] Arch. comm. d'Arras, *Cartul. papier* XIVe *siècle*.

M. Guesnon.

"

vassal devenu l'hôte du roi de France. D'ailleurs les mots « connissanche de vérité », formule insolite du salut échevinal commune
aux deux documents, portent la marque d'une même officine, celle
de la chancellerie anglaise.

Aux provocations de son rival, Philippe de Valois répondit par
lettres du 24 adressées à ses baillis, leur donnant l'ordre d'empê-
cher l'affichage du manifeste aux portes des églises, de le saisir, de
le brûler et de faire bonne justice des colporteurs [1].

Quelques jours auparavant, il leur avait mandé de séquestrer
par tout le royaume les biens des Flamands et Brabançons et d'in-
terdire le remboursement de leurs créances [2].

Les représailles ne devaient pas se faire attendre. Déjà, quelques
mois auparavant, une flotte de quatre cents navires avait été si-
gnalée au large de Wissant par le capitaine Behuchet, trésorier du
roi, qui s'était porté à leur rencontre [3].

Tout récemment, l'un des nombreux espions envoyés par l'échevinage en Angleterre et en Flandre rapportait que Jacques d'Artevelde « avoit fait serement qu'il verroit vir (viendrait voir) Calais
et osteroit le mais ni (mauvais nid) de chiaus qui roboient les marchans et mettoient à mort [4] ».

Devant l'imminence du danger, Arras s'empressa de secourir sa
voisine; elle lui dépêcha trente arbalétriers sous la conduite du
connétable Pierre Flandrine et des dixainiers Colart Blancfeure et
Jean de Saint-Vaast. Le détachement partit le jour même où les
Gantois concertaient avec Édouard leur vaine tentative d'embau-
chage [5].

Cependant les alliés, après avoir ravagé le Cambrésis, venaient
d'envahir le Vermandois. Philippe se décida enfin à sortir de l'inac-
tion; son armée prit position à Buironfosse. Nous donnons, d'après
le rôle des gages payés sur la recette du domaine, une liste de
chevaliers et d'écuyers, en grand nombre artésiens, qui prirent
part à cette chevauchée [6].

De Buironfosse, Philippe alla dresser ses tentes devant la forte-

---

[1] Pièce III, p. 14.
[2] Pièce II, p. 13.
[3] Pièce IV, p. 15. Note 1, p. 17.
[4] *Ibid.*
[5] Pièce IV, p. 17.
[6] *Ibid.*, p. 15.

resse de Thun-l'Évêque, tombée au pouvoir de l'ennemi par la négligence du châtelain; il marcha ensuite sur Pont-à-Bouvines.

Entre temps les contingents armés par la bourgeoisie d'Arras avaient rallié « l'ost du Roy ». Nos archives communales ont conservé le compte des frais de cette expédition. Il contient de curieux détails sur l'organisation de la milice du temps, le costume blanc et rouge des sept officiers montés qui gouvernaient les piétons, ceux-ci au nombre de deux cents arbalétriers sous quatre connétables, et de cent bourgeois armés de glaives et de « goudendas », tous vêtus de cottes blanc et bleu à parures de rats noirs, le facétieux rébus emblématique d'Arras.

Outre le taux de leur paye, leur mode de recrutement, leur équipement, les accessoires, la mise en état des tentes de la ville et de celles des paroisses, on y relève une foule d'indications qui ne peuvent être indifférentes pour l'étude des mœurs et des institutions [1].

II

Par lettres données à Saint-Ouen-lez-Saint-Denis le 4 janvier 1346 n. st., cédant aux plaintes générales soulevées par les impôts et gabelles, les exactions des fermiers, le nombre excessif des commissaires royaux, Philippe de Valois mande aux échevins d'Arras d'envoyer à Paris, pour la Chandeleur prochaine, deux ou trois bourgeois les plus compétents, afin d'avoir leur avis avec celui des gens d'église et des nobles pareillement convoqués [2].

Les échevins n'accusèrent réception que le 27 janvier [3] et ils choisirent le lendemain deux des leurs pour les représenter, à savoir Jean Naimery et Guiffroy de Thélu [4].

Lille avait délégué pour le même objet deux de ses principaux bourgeois, Lotart Canart et Lotart Fremaut [5].

Solidarisées par la menace du péril commun, les villes d'Artois entretenaient alors des rapports journaliers. Malheureusement la plupart des correspondances, si souvent mentionnées dans les

---

[1] Pièces V et V *bis*, p. 18 et 22.
[2] Pièce VI, p. 26.
[3] Pièce VII, p. 27.
[4] Pièce VIII et note 1, p. 28.
[5] *Ibid.*, p. 29, note 1.

comptes, ont été détruites comme « papiers inutiles »; quelques épaves seules ont surnagé.

C'est ainsi que nous voyons Calais, toujours sur le qui-vive, demander par lettre du 29 mars (1346) aux échevins de Saint-Omer et d'Arras des renseignements sur « plusieurs compagnons portans garretiers de maille de haubergerie » dont quatre venaient d'être arrêtés comme suspects de trahison [1].

Une trahison plus certaine et bien autrement funeste à la France et à Calais, ce fut la journée de Crécy et le siège qui allait suivre. (26 août et 3 septembre 1346.)

La lugubre nouvelle jeta l'épouvante dans Arras. Les chanoines firent aussitôt disparaître la grande châsse de Notre-Dame et se mirent en devoir de l'expédier clandestinement à Douai. Mal leur en prit; le complot fut éventé, et, le 21 septembre, les bourgeois furieux, envahissant leurs demeures, s'emparèrent des reliques non sans violences, et transportèrent en ville l'antique palladium de la cité.

Huit jours après cette explosion caractéristique du patriotisme artésien, les échevins obtenaient l'autorisation de « faire ardoir, floter, destruire et abatre les fourbours et tous les autres lieus et coses qui seroient près de la dite ville, où siège porroit estre mis par les anemis, sans estre tenus de ent faire restitution aucune [2] ».

Une telle ordonnance n'était pas faite pour rassurer les chanoines : leur cloître extra-muros se trouvait maintenant pris entre deux feux, la démolition préventive et les assauts de l'ennemi.

Le conflit provoqua l'intervention du roi, dès octobre pour faire rendre la châsse [3], puis le 4 juin suivant pour sauvegarder par des lettres restrictives les édifices du cloître et la cathédrale [4].

L'Église n'en poursuivit pas moins les envahisseurs en parlement, et, après de longues procédures, elle finit par les obliger à des réparations publiques [5].

Cependant l'investissement de Calais durait depuis six mois, lorsque le bruit se répandit tout à coup qu'Édouard levait le siège.

[1] Pièce IX, p. 29.
[2] Pièce X, p. 30.
[3] *Arch. nat.* JJ. 76, pièce 285, fol. 197 v°.
[4] *Inv. chron. des Chartes de la Ville d'Arras*, Docum. LXXXVIII, p. 85.
[5] *Ibid.*, Docum. C, p. 99. — Cf. Arch. comm. d'Arras, *Inv. ms. de 1669*, lave G, coté LL.

Quelle direction allait-il prendre? On se le demandait partout avec anxiété, témoin les correspondances alors échangées entre les villes d'Hesdin, Aire, Saint-Omer, Arras, Reims [1].

Renseignements pris, c'était une fausse alerte, en attendant celle qui allait bientôt suivre la capitulation [2]. Toutes les dépêches, sur ce point, ne font guère que se copier. Cependant l'une d'elles ajoute un fait aux éphémérides du siège, c'est que, le jour même où on l'expédia, 27 février, l'ennemi venait de tenter un nouvel assaut.

Ces détails accessoires, tel jugement qu'on y porte sur l'indolence du roi, les cris de détresse du pays et les bruits divers dont elles se font l'écho, voilà ce qui donne à ces lettres leur saveur spéciale, leur originalité documentaire.

Ici, elles nous font part de la réconciliation de Louis de Flandre avec ses sujets, du double mariage « parlementé » à Furnes entre ce comte et la fille du roi d'Angleterre d'une part, de l'autre entre le prince de Galles et la fille du duc de Brabant.

Plus loin, elles annoncent, d'après de vagues rumeurs, la prochaine descente en France du comte de Derby et du ber de Stanford à la tête d'une nouvelle armée de cinquante mille hommes, sans qu'on sache rien du lieu de débarquement ni du plan d'opérations.

Nos gazettes échevinales vont même jusqu'à insérer le fait divers, sinon la réclame. On y lit, par exemple, que la ville de Saint-Omer possédait alors dans ses murs un maître en médecine nommé Philippe de la Cour, « astronomien » extra-lucide, qui avait diagnostiqué sept ans auparavant tous les événements survenus depuis; aussi venait-on de loin le consulter.

A une époque de publicité restreinte et dans des conjonctures aussi critiques, comment ces nouvelles à la main n'auraient-elles pas piqué vivement la curiosité des contemporains, lorsque, après tant d'années, elles peuvent encore éveiller la nôtre?

Cependant, malgré l'intérêt qu'on y trouve, il s'en faut qu'elles aient la portée historique du document qui les suit, celui qui clôt notre deuxième série et la domine : *Remontrances adressées à Philippe de Valois au nom des bonnes villes dans l'assemblée des États généraux tenue à Paris le 30 novembre 1347* [3].

[1] Pièces XI, XII, XIII, XIV, p. 30-33.
[2] Pièces XV et XVI, p. 34, 35.
[3] Pièce XVII, p. 35.

Il faut lire ce réquisitoire ému d'un précurseur d'Étienne Marcel et le suivre dans le chemin douloureux où son patriotisme sans pitié flagelle la majesté royale de station en station jusqu'au calvaire de Crécy.

Nulle part ailleurs, que nous sachions, on n'a signalé pour cette époque, dans la bouche d'un député des villes, un pareil exemple de cette courageuse sincérité de langage, de cette liberté d'appréciation. Ce témoignage unique constitue pour l'histoire du tiers état un document de premier ordre.

Ce n'est pas qu'on ne rencontre ailleurs des indices du sentiment public à l'endroit des conseillers du roi : le mari de la comtesse nous fournit un exemple de leur impopularité. On disait de lui à Arras « qu'il n'avoit (n'y avait) point de seigneur en Arthois, mais une dame; que mesires li Dus estoit mesiaus, pouris; qu'il n'avoit onques eu duc en Bourgoigne qui n'eust esté traitres au Roi [1]. »

Pourquoi faut-il que le clerc de l'échevinage, témoin des événements qui justifiaient ces colères, ne nous ait transmis de leur manifestation officielle qu'une copie aussi inexplicablement tronquée?

III

La troisième série de nos documents nous reporte au lendemain d'un nouveau désastre national, à dix ans de là. Une lettre close de Jean le Bon l'inaugure, adressée de sa prison de Bordeaux, le 12 décembre 1356, aux prévôt des marchands et échevins de Paris, en même temps qu'aux gens d'Église, nobles et bonnes villes du royaume [2].

Après s'être longuement étendu sur leur amour, leur fidélité, leur dévouement, non sans joindre à ce témoignage celui de se laborieuse sollicitude et le souvenir étrangement satisfait de ses dernières prouesses, il les remercie de l'initiative qu'ils ont prise et de l'exemple que Paris a donné aux autres villes du royaume en accordant à son fils aîné des subsides de guerre pour la délivrance de sa personne.

Néanmoins, il les dissuade de continuer la lutte. La fortune des

[1] Arch. comm. d'Arras *Cartul. papier XIVᵉ siècle*, nᵒˢ 29, 49, 50, fol. 20 vᵒ, 33 vᵒ, 34 rᵒ. Procès de Jean Hardi, mars et avril 1347, n. st.
[2] Pièce XVIII, p. 37.

armes est incertaine, on le sait, et la guerre a déjà amoncelé tant
de ruines! D'ailleurs à la moindre tentative hostile pour l'arracher
à sa captivité, l'ennemi réussirait sans peine à le soustraire à leurs
recherches par des déplacements continuels. Il faut donc se résoudre
à consentir une paix « honorable », autrement sa délivrance est
« impossible ».

Un langage aussi peu téméraire était sans doute l'expression de
cette royale bonne foi dont l'histoire a complaisamment buriné la
formule sentencieuse; avouons cependant que, si quelqu'un a dit :
« *Impossible* n'est pas français » — ce n'est pas le roi Jean.

Copie de sa lettre fut transmise aux échevins d'Arras par les soins
de la prévôté de Paris.

En dépit des dispositions ultra-pacifiques que le prisonnier de
Bordeaux y manifeste, la guerre n'en continuait pas moins avec un
nouvel acharnement; des bandes armées marchaient sur Paris,
pillant la Normandie, ravageant le pays chartrain.

A leur approche, les échevins de Dreux jettent le cri d'alarme.
Ils dépêchent à Étienne Marcel un messager chargé de communications verbales et d'une lettre où on lit que la ville de Laigle vient
d'être prise et pillée, que Philippe, frère du roi de Navarre,
s'avance avec quatre mille hommes, et que, si l'on n'accourt à leur
aide, le pays est perdu.

Le prévôt des marchands communique aussitôt cette lettre à ses
« grans amis » d'Arras, et, dans son apostille, il les prie de la faire
publier par toute la région, afin d'envoyer au secours de Paris autant d'hommes d'armes qu'ils en pourront mettre sur pied [1].

Le désarroi était général; le pays à bout de forces demandait un
sauveur. Les partisans du roi de Navarre, de jour en jour plus
nombreux à mesure que croissait la détresse publique, n'attendaient
que l'occasion de le lui offrir. Dans la nuit du 8 au 9 novembre 1357
Charles le Mauvais fut arraché de sa prison d'Arleux-en-Gohelle et
se hâta de prendre, par Amiens, la route de Paris.

Nous reproduisons d'après l'original la lettre qu'il écrivit de Vis-
en-Artois aux échevins d'Arras le jour même de sa délivrance [2]

On ne peut séparer de ce document la lettre justificative adressée
d'Amiens aux mêmes échevins, le lendemain 10 novembre par Jean

[1] Pièce XIX, p. 39
[2] Pièce XX, p. 40.

de Picquigny, gouverneur d'Artois, l'âme du parti navarrais dans le Nord, le fauteur principal de cette évasion; nous en possédions également l'original, aujourd'hui disparu [1].

Quant à la participation de nos bonnes villes aux États généraux qui suivirent, tout ce qu'on sait d'Arras se borne aux noms des deux députés Nievle du Luiton et Jean le Normant : leurs frais de voyage et de séjour à Paris pour l'assemblée du 13 janvier 1348 nous sont donnés par un fragment du compte de l'argentier [2].

Moins renseignés sommes nous à cet égard sur les otages envoyés de la bourgeoisie d'Arras à Londres par suite du traité de Brétigny : Guillaume de Noée, Jean Roucy ou Roussel, Michel de Paris ne nous sont connus en cette qualité que par les documents anglais [3].

IV

Les dernières pièces de notre communication concernent l'avènement des États d'Artois à l'autonomie politique.

La périodicité de leurs sessions annuelles eut, comme on le sait, pour raison et pour point de départ la participation financière des trois ordres à la rançon du roi et le dégrèvement fiscal de la gabelle qu'ils obtinrent en compensation.

Toutefois, leur véritable rôle administratif, en tant qu'assemblée particulière indépendante, ne date en réalité que de 1363, alors que, prenant directement en main la défense de la province contre les brigandages des grandes compagnies, ils décident que le haut commandement sera confié à deux maréchaux de leur choix, et votent pour cet objet la levée d'un subside spécial, dont ils organisent la perception et surveilleront l'emploi.

Il n'est peut-être pas sans intérêt de savoir, même après les documents déjà publiés sur la rançon du roi [4], comment se fit en Artois l'assiette et la rentrée de cet autre impôt proportionnel sur le revenu des trois ordres, à qui en était attribuée la répartition, quelle base d'évaluation servait à établir le « vaillant » du contri-

______

[1] Pièce XXI, p. 41. — *Inv. chron. des Chartes de la Ville d'Arras*, Docum. CVIII, p. 120, imprimé d'après l'original.

[2] Pièce XXI, note 1. *Ibid.*

[3] Rymer *Fœdera* (1739), t. III pars 2, p. 75.

[4] Voir l'instruction publiée par M. J.-M. Richard, *Bibl. de l'École des chartes* t. XXXVI, p. 81.

buable. L'instruction et ses annexes imprimées plus loin répondent à cette enquête économique [1].

Comme renseignement complémentaire, nous avons reproduit deux rôles originaux de l'époque donnant la liste des membres des trois ordres pour le Boulonnais, le comté de Saint-Pol, les quartiers de Lens, Hénin et Bapaume; elles contiennent une centaine de désignations. Cette même nomenclature nous fait malheureusement défaut pour Arras, Béthune et Saint-Omer [2].

Détail à noter, les deux rôles originaux présentent en marge de chaque nom une entaille, destinée sans doute à contrôler l'envoi des lettres de convocation, sinon leur remise au destinataire.

L'un d'eux porte une note de la main du deuxième Denis-Godefroy, qui les date de la fin du xv⁰ ou du commencement du xvi⁰ siècle; la dame d'Artois dont il est fait mention serait, d'après lui, soit Marie de Bourgogne, soit sa fille Marguerite d'Autriche.

Le savant archiviste et historiographe a vu les pièces trop rapidement. Outre que le caractère de l'écriture est beaucoup moins récent, la présence sur la liste du bailli Pierre de Cohem et des deux frères Bauduin et Guillaume d'Arras, issus de nos châtelains, suffit à prouver que la comtesse désignée ne peut être que Marguerite de France, devenue dame d'Artois en novembre 1361.

C'est donc à la composition des premiers États provinciaux d'Artois qu'il convient de rapporter cette double nomenclature.

Un dernier mot sur la provenance de ces documents et la fermeture de nos lettres échevinales.

Cinq pièces appartiennent aux archives départementales du Nord, les vingt autres aux archives communales d'Arras.

Parmi ces dernières huit sont extraites d'un registre en papier de la première moitié du xiv⁰ siècle, comprenant dans vingt-cinq feuillets cinquante-cinq chartes antérieures à 1348.

Toutes font lacune dans l'*Inventaire chronologique des Chartes de la Ville d'Arras*, dont le volume de textes fut mis sous presse en 1859 : ce petit cartulaire avait alors disparu.

Cependant une note laissée par Ch. Louandre au cours de sa

[1] Pièces XXIII, XXIV, XXV, p. 47-51.
[2] Pièce XXII, p. 43.

mission dans le Pas-de-Calais, en 1839, le signalait sous la cote *Anciens édits et règlements observés*, au sujet d'une charte communale de 1300 qu'il y analysait [1].

Cette charte, dont il n'existe ailleurs ni texte ni mention aucune, parut avec d'autres dans un volume publié en 1865-66. Grâce à cette révélation, le manuscrit était retrouvé, et, quelques années après, rendu au dépôt. Disloqué en cinq cahiers, il avait alors perdu, en même temps que sa couverture, le titre d'ailleurs moderne relevé par Louandre.

Dix lettres missives que nous donnons d'après les originaux ont été recouvrées de même, mais beaucoup plus tard : elles furent comprises dans les suprêmes réintégrations, officielles cette fois, opérées en décembre 1884.

L'examen extérieur de nos correspondances permet de constater le double système de fermeture alors en usage : le pli simple et le pli sous bande.

Qu'elle soit écrite sur papier ou sur parchemin, la lettre est d'abord pliée dans le sens de la largeur, qui est celui du texte, soit également par le milieu, soit inégalement, de façon à ce que le pli supérieur recouvre seulement l'écriture.

On contreplie ensuite les deux extrémités en les faisant rentrer l'une dans l'autre et on les scelle.

La suscription se place d'autre part à la partie supérieure, dans le sens et presque au bord du contrepli.

On comprend que ce mode de fermeture n'assure nullement le secret de la lettre, puisque le côté inférieur reste ouvert; il paraît cependant qu'on s'en contentait à l'occasion.

Le pli sous bande remédie à cet inconvénient en fermant le côté ouvert au moyen d'une languette de papier ou de parchemin passée dans une incision qui traverse les plis superposés.

Tantôt cette languette est simple et fait corps avec la feuille, tantôt elle est indépendante et mobile, et alors on la double; dans les deux cas, leurs extrémités libres sont ramenées sous le cachet et scellées aux contreplis.

De sorte que les lettres missives, comme les chartes, pouvaient être scellées, ou sur simple queue, ou sur double queue, avec cette

---

[1] J'avais trouvé cette note révélatrice dans un des nombreux recueils formés par l'archiviste A. Godin.

différence qu'au lieu d'être pendant, comme dans les chartes, le sceau des lettres était plaqué.

Il semblerait même que, dans certains cas, les deux modes de fermeture aient pu être appliqués à la même lettre, cachetée d'abord d'un sceau plaqué, cadenassée ensuite d'un contre-scel ou signet mobile sur double queue.

L'absence d'adresse extérieure dans plusieurs missives incisées pour recevoir une bande (pièces IX, XIII et XIV) laisse croire que cette bande portait la suscription.

Mais les données fournies par nos quelques lettres originales permettent à peine d'effleurer cette question, dont l'étude approfondie nécessiterait l'examen de tous les éléments épars dans nos archives.

Celles du Nord en possèdent un nombre considérable, cataloguées au cours des grands travaux de classement et d'inventaire, qui rendent tous les fonds de ce riche dépôt si facilement accessibles aux recherches du public.

Pour le Pas-de-Calais, M. J.-M. Richard en a signalé un certain nombre, dont plusieurs d'une date très ancienne, dans son précieux *Inventaire sommaire du Trésor des Chartes d'Artois* [1].

I

Gand, le 17 février 1340 n. st. — L'échevinage de Gand écrit à celui d'Arras pour l'engager à suivre avec les Flamands le parti du roi d'Angleterre.

A honnerables et sages le gouvreneur ou son lieutenant, les eschevins, consel et toute le communauté de le ville d'Arras, eschevin, consel, capitain, doien et toute la communauté de le ville de Gand, salut et connoissance de vérité. Pour che que notoire cose est que monsigneur Charle de bonne memore jadis rois de France, vostre signeur souverain et le nostre, morust saisis hiretablement dou roialme de Franche, au quel tres excellent et tres poissans prinches nostre tres chiers et tres redoubtés souverain signeur monsigneur Edouwart, par le grace de Dieu rois de France et d'Englétere et signeur d'Irlande, est fils de la suer germaine, si que à lui le dit roialme de France notoirement après la mort le dit monsigneur Charle, par droit hiretage et succession est escheu et dévolut, et que mesires Phelippe de Valois, fil à l'oncle le dit monsigneur Charle et cousin ou plus

[1] *Inv. somm.* série A (1878), t. II, introduction, p. XVIII, note 2.

lontain degré que monsigneur Edouwart nostre sires dessus dit, s'est abatu
contre droiture et Dieu ens le dit roialme de France par pooir et forche,
tant comme li rois nostre sires devant dis estoit de menre éage, et le détient
ensin à tort et sans cause raisonnable, si avons, par bonne et grande délibération, eu consel et regard es coses dessus dites avoec nostre chier et
bien amé signeur le conte de Flandres, de Nevers et de Reters, ains que
il se départi darrainement de son païs, et sanbla à no dit signeur et à nous
que, selonc Dieu et droiture, vous, nous et tout li habitant dou dit roiaume de Franche devons et sommes tenu en consience, foi et loiauté de
tenir ledit monsigneur Edouwart pour nostre droit roi et naturel signeur,
et que à lui devons obéir, et conquester et sauver ses droitures contre tous,
et à che faire nous et tous le commun païs de Flandres sommes et serons
par le grace de Dieu en ferme pourpos, et nous mœut à che faire con-
sienche et droiture, comme dit est, si que veoir poés et devés, se Dieu,
raisson et équité voulons considérer; et de che meismes proupos fu no tres
chiers sires devant nommés, avant qu'il alast darrainement vers le roialme
de France, et commanda aucuns de ses gens à traitier desdites coses
avoec les gens le roy nosigneur dessus dit, et si savons de certain que li rois
no sires avant nommé sera grasieus et déboinaires avoec ceus qui devers
lui voudront faire leur devoir, et que sa intensions n'est mie de vous tollir
indeuement vos droitures, mais faire droit à tous, et reprendera, par l'aide
de Dieu, les bonnes lois, franchises et usanches qui furent ens ou roialme
ou tamps de son prougéniteur saint Loïs, et aussi ne désire il à conquere
son gaaing ne pourfit en vostre damage par escanges de monnoies ou par
exactions ou maletotes indeues, ains vœut et voudra de sa bénité roial
vous, nous et tous ses subgiés obéissans à lui aidier et sauver, et les libertés
et privilèges de sainte Eglise deffendre et maintenir du tout à son povoir,
et es besoignes dou roiaume vouldra li rois no sires dessus dis avoir et
sievir le boin consel des pers, prélas, nobles et autres sages ses féauls dou
dit roialme, sans riens soudainement faire ou commenchier par sa volenté;
et sommes bien et à plain enfourmé que li rois no sires désire souverai-
nement que Dieus, par travail de lui et des boines gens, meist pais et
amour en crestienté, si que une armée et saint voiage des crestiens se feist
briement devers le sainte terre poor la délivrer des mains des mescréans;
et pour che que li rois no signeur devant nommés ne désire mie mortalité
ne empérissement de peuple, ains désire que euls et leurs biens fussent
sauvés, vous prions et requérons moult affectueussement que il vous plaise
à considérer les coses dessus dites à bonne délibération et meür consel et
en che ouvrer et faire foi et loialté envers vostre droiturier signeur, selonc
che que Dieus, bonne consience et droiture vous enfourmeront; et, pour
vous mieus aviser sur che, a li rois no signeur dessus dis, al humle sup-
plication de nous, otroié de sa grace et déboinaireté que, se vous vdlés
adréchier à lui en la manière comme nous et tous li communs païs de

Flandres doivent et avons fait, et lui reconnoistre pour vostre roy et notoire signeur souverain, et faire envers lui vostre devoir entre chi et la feste de Pasques prouchain à venir, que il vous rechevera bénignement en sa pais et grasse, et serés en sa sauve garde et sauve proutection, et vous demouront plainement vos possessions et vos biens mœbles et non mœbles sans riens perdre ou estre grevé pour cose faite contre lui en tanps passé, et vous sauvera et maintenra par toutes les voies que il porra boinement et faire par raison devera; et se à l'asement de nous aucun pourfit poriés faire es coses dessus dites, à che volons estre prest et apparilliet à tous jours comme boin voisin l'un à l'autre de no pooir. Li sains Esperis vous maintiengne en sa sainte grace. Donné à Gand le xvii⁰ jour de février l'an xxxix.

[*Cartul. papier* xiv⁰ *s.* N° 18, f° xiv r°. — Arch. comm. d'Arras. — Cette pièce est immédiatement précédée d'une expédition en français du manifeste d'Édouard III, adressée de même aux villes de Douai, Boulogne, Aire, Saint-Omer, Tournai. — Voir Rymer, *Fœdera* (1729) t. II, pars iv, p. 67.]

11

Au bois de Vincennes le 15 février 1340 n. st. — Mandement de Philippe VI interdisant le payement de toutes créances dues aux Flamands et Brabançons, publié par lettres du bailli d'Amiens le 1ᵉʳ mars.

Jehans du Cange, lieus tenans du baillu d'Amiens, au prévost de Beaucaisne ou à sen lieutenant salut. Nous avons veu les lettres du roy no signeur contenans ceste fourme : «Philippe, par la grace de Dieu rois de Francé, au baillu d'Amiens ou à sen lieutenant salut. Nous te mandons et commettons que, par tous les lieus de ton bailliage et du resort ou tu verras que boin sera à faire, tu faces publiquement crier et deffendre, sur paine de corps et d'avoir, que nuls qui soit tenus ou obligiés en quelconques manière que che soit à quelconques personnes Flamens ou Brebençous ne leur paie aucune cose, ou à autres en leurs nons, et que cascun qui sera tenu ou obligié à aucuns d'euls et qui auront aucuns de leurs biens en garde ou autrement et qui aucuns en saront le te revèlent et fachent assavoir sans délay dedens xv jours après ledit cri, sur quanques il se pueent meffaire envers nous de corps et d'avoir. Et toutes les debtes deues aus Flamens et Brebençons dessus dis et à cascun d'iceus en ton dit bailliage et ressort et tous leurs biens que tu y trouveras, mœbles, immœbles, preng et tieng et lièvé en nostre main par inventoire sans riens ent délivrer ou recroire, et de che que fait en auras certefie plainement sans délay les gens de nos comptes à Paris, et de l'inventore de leurs biens et debtes, dedens le jour de che prouchain mi quarême au plus tart. Donné au bois de Vicennes le xv⁰ jour de février, l'an de grâce mil ccc. xxx. ix, sous le seel de nostre secret en l'absence du grant». Si vous mandons que les lettres du roy no signeur dessus transcriptes vous fachiés criier et publier solempnelment par tous les lieus acoustumés de vostre prévosté, en commandant à tous qui sont tenu ou obligié à aucuns Flamens ou Brebençons, ou qui ont ou détienent aucuns de leurs biens en warde ou autrement, ou qui en sevent aucuns, que il le viengnent faire savoir par devers nostre maistre le baillu ou son lieutenant dedens xvme après le dit cri, sur quanques il se pueent meffaire envers le roy no signeur de corps et d'avoir, par coy nostres dis maistres li baillus ou ses lieus tenans puist entériner lesdites lettres selonc leur teneur. Donné à Amiens le premier jour de march, l'an mil ccc. xxx ix.

[*Ibid.* N° 20, f° xv v°. — Arch. comm. d'Arras.]

III

Au bois de Vincennes le 24 février 1340 n. st. — Lettres de Philippe VI contre l'affichage annoncé du manifeste d'Édouard, publiées par le bailli d'Amiens le 8 mars.

Pieres li Courans, baillus d'Amiens au prévost de Biaucaisne où à sen lieutenant, salut. Nous avons veu les lettres du roy no signeur contenans ceste fourme : « Philippe, par la grace de Dieu rois de France, au baillu d'Amiens ou à sen lieutenant salut. Nous savons certainement que, par indution et tres mauvais et faus consel, le roy d'Engleterre, anemy mortel de nous et de nostre roiaume, par contemption de tres mauvaise fraude et malice, a fait faire pluiseurs lettres seelées de sen seel contenans fauseté, déception, traïson et mauvaistié contre nous, nostre dit roiaume et nos subgiés, lesquelles lettres il a propos d'envoiier ou desja envoiié en lieus sollempneus de nostre dit roiaume pour mettre nostre peuple en mauvais propos, se il pooit; et pour che que nous tenons fermement que nostre dit peuple ne vaurroit nullement veoir ne oïr la tres grant fraude, malice, déception et mauvaistié dudit roi d'Engletere, nous voulons, pour obvier à sen mauvais propos, et te mandons et commettons que tu faches criier et savoir solempnelment par tout ten dit bailliage et ou ressort, que quiconques porra trouver nules gens, de quelconques estat ou condition qu'il soient, portant lettres du dit roi d'Engleterre où d'autres nos anemis, l'en les prenge et arreste et amaine prisonniers par devers toy, pour faire d'euls tele justiche et pugnition comme il appartenra à faire de tès messages porteurs de fauses et mauvaises lettres, et fai prendre garde bien et diligamment par toutes les églises[1] et autres lieus notables de ten dit bailliage et ressort

[1] Le manifeste d'Édouard portait : « Et quia præmissa non possunt de facili vestrum singulis singulariter intimari, illa in foribus Ecclesiarum et aliis locis publicis providemus affigenda ». — Rymer, *Fœdera* (1739) t. II, pars iv, p. 64, col. 2.

que nulles telles lettres ne y soient atachies ou mises; et, se l'en les y trou
voit, que l'en les oste sans nul délay, en prenant tous ceus qui mises ou
porté ou consenti à metre les y auroient, et, si tost comme tu les auras,
les fai ardre. Et de che soies si diligens qu'il nous doie estre agréable, et
nous respons chou que fait et trouvé en auroiez. Donné au bois de Vicennes
le xxiiii° jour de février, l'an de grâce mil. ccc. xxx ix». — Par la vertu des-
quelles lettres, nous vous mandons et commettons que les coses contenues
en ycelles vous faites crier et publier par tous les lieus notables de vostre
prévosté acoustumés à faire tels cris et autres, et outre prenés tous ceus que
vous trouverés portans lesdites lettres, ou qui soufferont ycelles estre en
aucuns lieus ou lieu atachies, et les amenés es prisons du roy no signeur
à Biaucaisne, pour faire ent acomplisement de justice, sans rendre ou recroire, se n'est de nostre mandement espécial, et outre les dites lettres
entérinez et acomplisiés de point en point selonc leur fourme et teneur, en
telle manière que deffaut n'i ait; car, se deffaut y avoit, nous vous en pu-
gnirons. Donné à Amiens le viii° jour de mars l'an mil ccc. xxx ix.

[*Ibid.* N° 19, f° xv r°. — Arch. comm. d'Arras.]

IV

Compte de gages payés sur la recette d'Artois, au terme de l'Ascension 1340, pour
les chevauchées de l'année précédente à Buironfosse et autres lieux.

Deniers bailliet à pluiseurs gentiex hommes et gens d'armez, qui deu
leur estoit pour le remaint de leurs gajes deservis as chevauchies du Roy
no signeur à Buironfosse et en autres lius et pour pluiseurs autres missions
faites depuis :

A mons^{gr} de le Viesvil qui deu li estoit pour le cause dessus dite,
paiiet.......... .... x lb.

A mons^{gr} de Habarc, qui deu li estoit pour le cause dessus dite, paiiet.. ix lb.

Au seigneur de la Folie, qui deu li estoit pour le cause dessus dite,
paiiet.. x lb.

A Jehan de la Thorette, escuier, qui deu li estoit pour le cause dessus
dite, paiiet.. c s.

A mons^{gr} Aimer de Neufville, qui deu etc.................. x lb.

A mons^{gr} de Roillecourt............................... vii lb.

A mons^{gr} du Petit Rieu................................ vii lb.

A Huon d'Aucoch, escuier............................... vii lb.

A mons^{gr} Estene de Saint-Verain, pour les gajes de lui et de ses gens
et pour son retour des dites chevauchies dez Maulle à Chasteillon.   xviii lb.

A mons^gr Bauduin de Ligny, qui li soloient estre deu pour le cause dessus dite, paiiet. . . . . xliv lb. vii s.

A Tassart de Rebecque, escuier, qui deu li estoit pour le cause dessus dite. . . . . c s.

A mons^gr Hotris de Hetrus, qui deu li estoit pour le cause dessus dite, paiiet. . . . . x lb.

A mons^gr Jehan de la Planque, qui deu li estoit pour le cause dessus dite. . . . . xxv lb.

A mons^gr de Hamelaincourt, qui deu li estoit pour le cause dessus dite, paiiet. . . . . x lb.

A mons^gr de Dampierre de Champaigne, seigneur de Rollaincourt, qui deu li estoit etc., paiiet. . . . . l lb.

A mons^gr Guy de Flandres, qui deu li estoit etc., paiiet. . . . . . . ccc lb.

A mons^gr Huon, chevalier, signeur du Maisnil en le Gohelle, qui deu li estoit etc., paiiet. . . . . xxiv lb.

A mons^gr Guillaume, chevalier, signeur de Heuchin, qui deu li estoit etc. . . . . xxix lb.

A mons^gr Bauduin de Wendin, qui deu li estoit etc. . . . . vii lb.

A mons^gr Gillon de Berlette, qui deu li estoit etc. . . . . viii lb.

A mons^gr de Lamhersart, qui deu li estoit etc. . . . . vii lb.

A mons^gr d'Autuille, qui deu li estoit etc. . . . . xii lb. xiv s.

A mons^gr Jehan de Frolais, qui deu li estoit pour le cause dessus dite, par fin de compte fait à Hesdin le ve jour de novembre darrain passé.   c lb.

A mons^gr Hotris de Hetrus paiiet pour le restor d'un cheval sour quoi avoit sis Jehans de Hetrus, escuiers, en la compaignie dudit mons^gr Hotris ens es chevauchies du Roy noss^gr dessus dites, paiiet. . . . . xl lb.

A mons^gr de Colembert, chevalier, qui deu li estoit pour le cause dessus dite. . . . . c s.

A mons^gr Jehan de le Planque, pour les gajes de quatre hommes d'armes aveuc lui pour xv jours qu'il a esté capitaine à Béthune, bailliet, comme capitaine de Béthune, à Aire, le xxve jour de novembre darrain passé . . . . xxvii lb.

A mons^gr Jehan de Chauvigny, chevalier, pour le restor d'un coursier qu'il rendi au mareissal de l'ostel mons^gr au retour des chevauchies de Buironfosse, paiiet lxx lb. torn., qui valent à Paris. . . . . lvi lb.

A Bauduin le Gastellier, receveur de Béthune, qui li furent bailliet le lundi après Pasques flouries, pour paiier partie des gajes des gens d'armes qui adont estoient à Béthune et es chasteaux de là environ, du commandement mons^gr Estène de Saint Verain, qui Diex pardoinst. . . . . c s.

A mons^gr Henri de Monfaucon, conte de Montbelliart, pour pluiseurs parties qu'il devoit en la ville d'Arras à pluiseurs personnes pour les despens et frais fais pour lui et pour ses gens, paiiet le venredi xiie jour d'aoust par pluiseurs parties. . . . . ix^xx ix lb.

A mons^{gr} l'Ermite de Caumont, en rabat de ce que on li pooit devoir pour les gajes de lui et de ses gens de tant qu'il fu capitaine d'Ayre, bailliet à ii fois lx flourins à l'escu pour xxx s. paris. la pièce, sont. .   iiii^{xx} x lb.

A mons^{gr} Jehan de la Planque, chevalier, en rabat de ce que on li pooit devoir pour ses gaiges de lui et de ses gens, de tant qu'il a esté en garnison à Béthune, bailliet xl florins à l'escu, pour xxx s. parisis la pièce, sont. . .   lx lb.

A mons^{gr} de Fosseux adont capitaine de St-Omer et d'Aire bailliet du commandement mons^{gr} le gouvèrneur, pour paiier partie des gajes de lui et de ses gens d'armes le xxvie jour d'auoust. . . . .   iiii^c lb.

A xxx compaignons arbalestriers de le ville d'Arras qui furent envoiiet d'Arras à Calais pour deffendre le dite ville que li anemi devoient assallir de jour en jour, si que on disoit; si se partirent d'Arras le jœdi xviie jour de frévier l'an xxxix : bailliet à Colart Blancfœrre pour prest fait à lui et as autres compaignons dont li non sont en une cédulle baillie devers le court, et pour xi jours. . . . .   xxxiii lb. xi s.

A Nicaise Chauwart et Jehan le Gay, sergans à mache en le ville d'Arras, qui sont en garnison ou castel de Remi pour ycelui garder, et ont esté du jour de Noël jusques au samedi après le jour saint Mathias, presté sour leurs gajes de celui tans. . . . .   xii lb.

As dessus dis Nicaise Chauwart et Jehan le Jay, qui leur furent bailliet le jour du grant venredi sour leurs gajes disservis u dit chastel de Remy. . . . .   vii lb.

As dessus dis Nicaise Chauwart et Jehan le Jai, qui leur furent bailliet le veille de le Penthecouste, pour leurs gajes desservis oudit chastel de Remi. . . . .   vii lb.

As dessus dis Nicaise Chauwart et Jehan le Jai, qui leur furent bailliet le veille de le Penthecouste sour leurs gajes desservis oudit chastel de Remi. . . . .   vi lb.

Audit Nicaise Chauwart, qui li furent bailliet le iii^e jour de juille, tant pour lui et pour Jehan le Gay, pour leurs gajes desservis oudit chastel de Remi. . . . .   viii lb.

Au dessus dit Jehan le Jay pour lui et pour Nicaise Chauwart, qui leur furent bailliet le samedi devant le S. Pierre entrant auoust sour leurs gaiges desservis oudit chastel. . . . .   vi lb.

Au dessus dit Nicaise Chauwart, pour lui et pour Jehan le Jay et pour une gaite, qui leur furent bailliet le samedi prochain après le Nostre Dame en septembre sour leurs gajes desservis oudit chastel de Remi. . . .   x lb.

Au dessus dit Jehan le Jai, pour lui et pour Nicaise Chauwart et le gaite, le samedi nuit saint Remi l'an xl. . . . .   iiii lb. xvi s.

A mons^{gr} Jehan de Wavrin, qui deu li estoient pour cause des chevauchiez d'antan de Buironfosse. . . . .   xxviii lb.

A mons^{gr} Robert de Fiennes, qui deu li estoient pour cause des dites chevauchies de Buironfosse. . . . .   xv lb.

A mons^{gr} Pierron Flourent, qui deu li estoient pour cause des dites chevauchies. . . . .   xv lb.

A mons^{gr} Jehan de Boves, chevalier, qui deu li estoient pour la cause
dessus dite. . . . .   x lb.

A mons^{gr} de Rey que mons^{gr} le Duc li pooit devoir pour cause des guerres
de ceste année présente, bailliet à Jaquemon le Cras, drappier d'Arras.   c lb.

A mons^{gr} de Sainte Crois, qui li furent bailliet et délivré à Arraz le se-
cond jour d'octembre l'an xl, en rabat et en descompte de ce que mons^{gr}
le Duc li pooit devoir pour cause de ces présentes guerres. . . . .   iiii^{xx} lb.

A Jehan d'Estrées, escuier, auquel mons^{gr} le Duc estoit tenus par ses
lettres, pour certaine cause, en la somme de cent et onze livres tournois
d'une part, qui valent au parisis iiii^{xx} viii lb. xvi s., et d'autre part en lii florins de Flourence, paiiet pour pièce xxii s., sont en somme lvii lb. Font
en somme ces parties. . . . .   vii^{xx} vi lb.

Somme de ces parties : ii^m ii^c xxxiiii lb. xviii s. x d. [1].

[Arch. du Nord, *Ch. des C.* Recette d'Artois, compte de l'Ascension 1340. Reg.
coté A 363. — Cf. J.-M. Richard *Inv. somm. des Arch. du Pas-de-Calais*, série A,
t. II, p. 31.]

V

Juin 1340. — Compte des dépenses faites par la ville d'Arras pour les contingents
envoyés par elle à l'armée du roi devant Thun-l'Évêque et Escaudœuvres.

Ch'est li comptes fais pour le frait des gens, tant de cheval comme de
piet, que li ville d'Arras envoiia en l'ost à Thun l'Evesque à le requeste du
duc de Normendie et de Mons^{gr} le duc de Bourgoigne.

Pour xviii dras d'Arras, ix bleus et ix blancs, acatés à pluiseurs drap-
piers d'Arras par Anstone Cousin, Grart de Hambelaing et pluiseurs au-

---

[1] Les comptes des receveurs du domaine d'Artois conservés aux Archives du Nord
et du Pas-de-Calais contiennent une foule de renseignements sur les débuts de l'in-
vasion anglo-flamande.

1.° On lit dans celui du bailli de Calais pour le terme de la Toussaint 1339 :
«A Perrekin Pasquin pour porter lettres à Arras pour faire savoir mons^{gr}
le gouverneur de Jaque d'Artevelde nouvelles, qui avoient tué les couletiers de
Bruges, vi s.
«A une espie pour aler à Bruges et à Gant pour savoir l'estat et le couvine des
Flamens, de leur mœte et paroles qu'il disoient, xiiii s.
«A Hanne Lelline pour porter lettres à mons^{gr} le gouverneur à Arras, et revint
par Béthune, pour faire savoir que Jaques d'Artevelde estoit repairiés, et pour
autres nouvelles, vi s.
«A une espie pour aler à Bruges et à Gant pour ce que on rapportoit de jour en

tres, dont on fist iiic coteles contenant cascune iii aunes de drap tout del un comme del autre, et coustent li dit drap acatés à pluiseurs foeurs tout en somme, dont on a les acas des dis dras par espécial et aqui, iie LXIII lb. XVI s. De le quelle somme on rabat pour VI coteles qui furent de remanant des dis dras, qui continrent XVIII annes de drap vendu l'anne l'un par l'autre IIII s., vallent LXXII s., et par ainsi monte li frais des dis dras.   iie LX lb. IIII s.

jour que Jaques d'Artevelde avoit fait serement *qu'il verroit vir Callais et osteroit le mais ni : ~ disoit, de chiaus qui roboient les marchans et mettoient à mort,* XV s.

«A Sim . . . Wicte pour porter lettres à Arras à mons^{gr} le gouverneur pour faire à savoir que une flote de nes englesques estoit devant Wissant et Behuchés à l'encontre, qui mandé avoit qu'il en y avoit IIII chens, VIII s.

«A Boit le Mach pour porter autres lettres, alans par Saint Omer à Aire, à Béthune et à Arras, faisans mention de leur retroit et du partement de chiaus decha, VII s.

«A Emeriet Tibaut pour porter lettres à mons^{gr} le duc d'aucunes nouvelles d'Engleterre et des Engles qui avoient esté devant le nest de la Wissant etc. » —(Arch. du Nord, *ibid.* Reg. coté A 363.)

2° Dans le compte du même bailli pour le terme suivant, Chandeleur 1340, M. Richard a relevé entre autres mentions :

«A une espie, pour aler en Brabant, à Gant et à Bruges pour savoir des nouvelles que on disoit à Calais; si rapporta que li duc de Brebant et li conte de Flandres et les III boines villes avoient fait sérement et que li Flamenc s'apprestoient de venir sour Calais.»

«A une espie, pour aler à Bruges et à Gant, pour savoir des nouvelles du Roy d'Engleterre et des Flamens; se raporta que li dis Roys estoit à Gant et li Royne, et que chil de Gant estoient sérementé et aliiet à lui, et que li dus de Ghelre avoit esté à Bruges et fait faire cris et séremens.» — (J.-M. Richard, *Mémoires de la Commission historique du Pas-de-Calais*, t. I, p. 243.)

3° On lit au compte du bailli d'Arras pour la Chandeleur 1339 (1340 n. st.) :

«Item à VI compaignons de Cambrai qui eurent esté au castel de Thun quant li castelains rendi le castel; si les avoit envoiiés li maistres des arbalestriers d'Arras à la requeste du bailli pour savoir le vérité comment il avoit rendu le castel, pour II jour que il demourèrent, LX s.» — (Arch. du Nord, *ibid.*)

4° Dans celui du bailli de Lens pour l'Ascension de la même année, 25 mai, j'ai noté :

Les nobles du Boulonnais et de la baillie de Lens furent mandés à Arras avec armes et chevaux au jour dit «pour aller où le Duc les voudroit mener».

Un messager fut envoyé à Saint-Omer prévenir le Duc «que li Roys de France se voloit logier u castel et pour savoir que on feroit des vins de mon dit seigneur qui estoient u castel, et se on bailleroit les clés du chellier as gens du Roy.»

Despens du Roy et de ses gens à Lens, etc. — (Arch. du Nord, *ibid.*)

5° Extrait du compte du bailli de Béthune, Toussaint, 1340 :

«Item pour les despens de mon dit seigneur le Duc et de son hostel, en grosses parties et menues, faites tant au logement du Pont à Wendin comme du Pont à

Pour xvii annes de drap noir dont on fist les ras pour toutes lesdites cotes.. iiii lib. v s.

Pour xxi anne de drap blanc et vermeil acaté par les gens de cheval qui gouvrenoient les gens de piet, vii s. vi d. l'anne.... vii lb. xvii s. vi d.

Pour la maletaute desdis draps......................... xviii s.

Pour le parmentier qui dépecha lesdis draps et parti toutes lesdites cotes et ras.. vi s.

Et plus pour les gages de vii compaignons à cheval qui furent envoiict en l'ost pour gouvrener les gent de piet et demourèrent par vii jours cascuns, et xii s. cascun par jour.................... xxix lb. viii s.

Pour une selle et une bride et pour ii chaingles, acaté pour le queval Estevene del Arbroie.................................... lv s.

Pour une selle et une bride pour le queval Pierot de le Porte... xx s.

Pour i feriœul, une païiele et autres coses acatées en l'ost pour leurs nécessités et pour les dis chevaus......................... xxvi s.

Pour courtoisie faite à aucuns marissaus dont il eurent afaire pour leurs chevaus... xiiii s.

Pour perte et dékéanche d'un cheval qui fu acatés au maieur d'Arras, li quels cousta plus qu'il n'ait esté revendus................. xxvii lb.

Pour le frait de pluiseurs chevaus que li dessus nommé chevauchièrent, li quel ont esté, depuis qu'il revinrent de l'ost, à le maison Ernoul de Buimont; et pour pluiseurs amendemens fais à pluiseurs personnes à qui on acata lesdis chevaus et qui reprins les ont; et pour aucuns couretiers qui aidièrent à faire les marchiés dont les parties sont aportées par devers les eschevins par ledit Ernoul, xxvi lb. v s. ix d. ∅, dont on rabat pour le waigne du queval qui fu acatés à Robert Crespin, et pour ii qui furent acaté à chiaus de Douay, li quel ont esté revendu plus qu'il ne coustèrent xiii lb. Et ainssi n'i a de frait pour lesdis chevaus que.. xiii lb. v s. ix d. ∅.

Pour les gages de ii^c arbalestriers parmy les connestables qui furent en l'ost par x jours, cascuns ii s. vi d. par jour............... xii^{xx} x lb.

Pour l'amendement des iiii connestables qui eurent doubles gages par ix jours, ii s. vi d. par jour......................... iiii lb. x s.

Bouvines, du ve jour de septembre jusques au premier jour d'octobre, et pour despens fait à Gonay en pluiseurs parties en deniers, iii^c xlix lb. xii s. iiii d. — aveuc lxxxix menc. d'avaine et xiii tonn. iii muies de vin de garnison de Gonay, et xii sestiers; et xiii carées de fain, tout de garnison.

«Item, pour xiv grosses bestes et li mouton acaté à le feste de Béthune par Gobion bouchier mons^{gr}, pour la despense de l'ostel.» — (Arch. du Nord, *ibid.*)

6° Du compte du bailli d'Aire, même date :

«Pour poissons envoiés lès le Pont de Bouvines le xixe jour de septembre, ainsi qu'il appert par les lettres de mons^{gr} (le Duc)». — (Arch. du Nord, *ibid.*)

Pour les gages de c. bourgois à glaves et à goudendas, par my leur
ii connestables qui furent envoiiet en l'ost par x jours cascuns, ii s. par
jour pour cascun, valent.. c lb.

Pour l'amendement desdis ii connestables qui eurent doubles gages
ix jours... xxxvi s.

Pour les journées de ii trompeurs et i ménestrel qui furent à ledite
ost avoec lesdites personnes, cascuns par vii jours, ii s. vi d. par jour
cascuns.. lii s. vi d.

Pour courtoisie faite as ii doiiens des arbalestriers qui portèrent les ba-
nières... x s.

Pour xviii kevaus qui menèrent leur caroy par l'espace de vii jours,
iii s. vi d. cascun par jour... xxii lb. xii d.

Pour iiii kevaus qui sont à Jehan de Biaucamp qui menèrent partie des
coses desdites gens et les tentes par iiii jours, pour cascun keval iii s. vi d.
pour jour.. xlii s.

Pour deniers bailliés par Anstone Cousin à Huart l'Enfant d'Erviller, le
jour que li gent et compaignon se partirent d'Arras pour aler en
l'ost... ciiii s.

Pour courtoisie faite as carpentiers qui tendirent lesdites tentes. xx s.

Pour courtoisie faite à Adam du Consel et à sen compaignon qui alèrent
criier ava[l] le ville que li arbalestrier fuissent ensanle asanlé..... vi s.

Pour cordes acatées par Gillet de Boves pour lesdites temptes... xvii s.

Ponr v anstes pour pingnonchiaus.................................... iii s.

Pour le frait des tentes de le ville et des tentes des parosses rapa-
rillier de bos et de toutes autres cozes qui y faloient, et ensement pour
ychelles remettre à point au revenir del ost, dont toutes les parties sont
baillies par devers les eschevins et aportées par le maistre carpentier de le
ville... xiii lb. xvii s. vi d.

Pour escrire tous les arbalestriers et les bourgois qui se monstrèrent à
le Trenité, et pour ychiaus grosser et doubler par iii fois........ xvi s.

Pour i vallet envoiiet à Thun et porta lettres de mons^{gr} le Duch et demoura par iiii jours... xii s.

Pour une voie faite en l'ost par Jehan de Baclerost, Baude Morteanwille
et Willaume de le Plache et y alèrent pour pourcachier pardevers mons^{gr}
le Duch que li saudoiier de le ville peussent avoir les saudées du Roy, ou
que il se peussent partir : pour iii jours qu'il demourèrent en cheli voie,
tant pour leur despens, pour leur kevaus, comme pour autres frais... cviii s.

Pour une voie faite en l'ost à mons^{gr} le Duch par Willaume de le Plache,
et porta lettres de créanche pour excuser le ville et mut le samedy devant
le Saint Jehan, pour i jour... viii s.

Pour une voie faite en l'ost par ledit Willaume le diemenche après le
Saint Piere fu d'os; et porta lettres à mons^{gr} le Duch de par le ville et de
par mons^{gr} le gouverneur d'Artois de priière envers le Roy que il vaussist

les vivres et pourveanches laisier sans mener hors de le ville, et pour avoir response de cheli requeste, pour III jours.............................. XXIIII s.

Pour courtoisie faite à Guillemin de Dorgierot, serjant du Roy, et à II de ses compaignons, le samedy après le Saint Piere fu d'os, li quel voloient avoir gens d'armes u arbalestriers................................. II s. XI d.

Pour estraire hors des pappiers des brievés tous les noms de chiaus qui furent criiet à le bretesque pour aler en l'ost et ychiaus doubler par II fois.. X s.

Pour les dessus nommés escrire à le maison Jehan de Baclerost par les clers qui les doublèrent par pluiseurs fois, et pour baillier ent coppie as gouvreneurs de gent de piet,.................................... XV s.

Pour demi cent d'alumetes prises à Jehan Cautlet............ XXV s.

Pour I sac à mettre lesdites alumettes........................ XVI d.

Pour frait d'une sele acatée par Mainfroy de Paris........... XXVII s.

Pour Robert de Monchi qui fu envoiiet en l'ost devant Thun à mons^{gr} le Duch, et fu pour la cause de le ville........................ XXX s.

Pour VII flourins qui furent bailliet as VII compaignons de cheval pour amendement de leur journées, vallent.................... IX lb. et IX s.

Pour IIII vallés envoiiés à IIII fois en l'ost devant Thun du commant d'eschevins... XXVIII s.

> Somme pour les frais de l'ost devant Thun et
> Escaudœuvre........ VII^c LXXIX lb. XVIII s. VI d. ø.

[*Orig. roulcau parchemin*. Arch. comm. d'Arras.]

V *bis*.

Août 1340. — Compte des dépenses faites par la ville d'Arras pour les contingents envoyés par elle à l'armée du roi au Pont-à-Bouvines.

Ch'est li frais fait pour chiaus qui furent envoiiet en l'ost derrainement au Pont à Bouvines au commant de mons^{gr} le Duch, tant pour chiaus de cheval comme pour chiaus de piet, pour carroy comme pour autres frais.

Premiers, pour les gages de II^c compaignons qui furent envoiiet en ledite ost, dont il y eut environ VII^{xx} arbalestriers et le remanant fu des bourgois de le ville as claves[1] et as goudendas et autres armeures, dont li arbalestrier eurent pour cascun jour XL d. et li autres par cascun jour III s.; et demourèrent en ladite ost par X jours dou tamps des eschevins qui font chest compte : monte pour lesdites journées parmy les doubles gages de

______
(1) *Sic*, lisez : *glaves*.

leurs connestables, ensi qu'il a esté rapporté par les parties de chiaus qui les gouvernèrent, ch'est assavoir Guiffroy de Thelut et Jehan Naimery.................................. M XVIII lb. III s. IIII d.

Pour deniers bailliés par Ernoul de Buimont à Pierot Olivier connestable, lesquels il maintenoit que on li devoit de remaint del ost où il fu devant Thun et ne se voloit partir à ceste darraine fois se il n'en estoit paiiés, et fu par acort d'eschevins.................................. LV s.

Pour les gages de Guiffroy de Théluc et Jehan Naimery qui furent envoiiet à l'ost à Bouvines pour gouverner les gens de piet, et demourèrent audit ost parmi leur aler et leur revenir x jours, cascuns à II kevaus et II varlés, XVI s. pour jour, vallent pour les gages d'ieus deus.... XVI lb.

Pour autres frais que il leur convint faire en ledite ost, ch'est assavoir pour II cauderons à quire leur viande.................................. XII s.

Pour I pappier, I louce, II paire de gresillons, I sack, I martel et autres menues cozes que il leur fali.................................. XVI s.

Pour II wardecors pour armer pour lesdis Guiffroy et Jehan... LXX s.

Pour le perte et dékéanche d'un grant keval qui fu acatés pour Guiffroy de Thelut, li quels fu acatés XXXV lb. et ne fu revendus que XXXIII lb. et x s., pour le perte.................................. XXX s.

Pour I petit keval que li dis Guiffrois chevaucha et fu acatés x lb. et ne fu revendus que IX lb., pour le dékéanche.................................. XX s.

Pour le frait et despens des II kevaus dessus dis depuis que on fu revenu del ost, avant que il fussent revenu, et pour I vallet qui les warda à le maison dudit Guiffroy par x jours.................................. XXX s.

Pour le perte d'un keval que li dis Jehan Naimeris chevaucha qui cousta XXX lb. et ne fu revendus que XVIII lb., pour ledite perte....... XII lb.

Pour les despens dudit keval depuis qu'il vint de l'ost jusques à tant qu'il fu vendus à le maison Jehan Naimery où il fu wardés XLI jour. CIII s. VI d.

Pour I petit keval que lidie Jehans eut à lieuwage par x jours, II s. par jour.................................. XX s.

Pour une sele acatée à Ernoul de Buimont pour Guiffroy de Thélu.................................. XX s.

Pour deniers bailliés à I trompeur qui sieuwi les compaignons en l'ost.................................. X s.

Pour le despens d'un keval que Jehans Acarios acata à le ville, qui fu wardés à le maison Ernoul de Buimont par VI jours.................................. X s.

Pour courtage bailliet à Cœrbillier qui fu à acater lesdis kevaus.. X s.

Pour XIX kevaus qui menèrent leur caroy par l'espace de x jours, dont les caretes furent toutes à III kevaus et li une à IIII, pour les journées desdis kevaus et des mainies qui les menèrent par l'espace de x journées, ensi que les parties ont esté rapportées par les dessusdits Guiffroy et Jehan.................................. XXXI lb.

Pour une voie faite à Saint Omer par Jehan de Boulongne et Jehan Naimery, et y alèrent par devers mons^gr le Duch afin que il li pleusist à excuser le ville par devers le Roy nos^gr pour les gens d'armes tant de piet comme de cheval que messire Pieres de Guignières et messire Jehans   requéroient pour aler en l'ost; et murent en cheli voie au samedy après le Saint Piere entrant aoust : pour ledit Jehan de Boulongne III jours à II kevaus, xv s. par jour. . . . . XLV s.

Pour ledit Jehan Naimery à I keval, x s. par jour. . . . . XXX s.

Pour une voie faite en l'ost devant Nostre Dame d'Eskercin par ledit Jehan de Boulongne et Jehan Naimery, et y furent envoiiet pour parler à mons^gr le Duch, affin que il se vausist déporter des gens d'armes qu'il demandoit à avoir à le ville pour aler en l'ost, et murent le lundy devant le Saint Bétremieu : pour ledit Jehan de Boulongne à II kevaus, xv s. par jour, pour II jours. . . . . XXX s.

Pour ledit Jeh. Naimery autant de jours à I keval, x s. par jour parmy son vallet. . . . . XX s.

Pour une voie faite à St Omer par Jehan Naimery et Baude Morteanwille, et y alèrent pour parler au Duch nos^gr de che que li Rois et ses gens nous presoient d'aler en l'ost a plenté de gens d'armes tant de cheval comme de piet, et nous commanda li Dus que nous le siewisons et il emparleroit au Roy; et murent le nuit Saint Lœurenc et demourèrent v jours : pour ledit Jehan à I keval et à I vallet, x s. par jour. . . . . L s.

Pour ledit Baude, à I keval et à I vallet, par autant de jours, x s. par jour. . . . . L s.

Pour une lettre escripte et pour coppier unes autres, et pour I vallet, envoiiet de Saint Omer à Arras en boite. . . . . xI s.

Pour une voie à Gosnay et à Lens par ledis Jehan et Baude, et y alèrent tant pour avoir response du Roy et de mons^gr le Duch à che que on fust excusé d'aler en l'ost, comme pour les censsiers del assize du vin, li quel avoient fait faire commandement as eschevins par les gens du Roy que dédutions leur fust faite de che que li forain avoient vendu de vin en le ville d'Arras entrœus que li Roys y estoit, pour che que li Rois avoit fait faire deffense que li poursieuwant de l'ost ne paiassent point d'assize; et murent le samedi devant le Nostre Dame mi aoust, demourèrent en cheli voie v jours, cascun x s. par jour parmi leur varlet. . . . . c s.

Pour courtoisie faite à I clerc du Duch qui escrist les lettres qu'il rapportèrent. . . . . IIII s.

Pour unes lettres du Roy. . . . . VI s.

Pour III coppies des lettres des censsiers du vin. . . . . II s.

Pour une voie en l'ost par Willaume de le Plache à mons^gr le Duch pour aucunes besoignes que eschevin voloient savoir de lui, et mut le venredy devant le Saint Piere entrant aoust, demoura III jours, x s. par jour, parmy Maskaut qu'il mena avoec lui au commant d'eschevins. . . . . XXX s.

Pour une voie faite en l'ost par Sauwale Fastoul le diemenche devant le Sainte Crois en septembre, et ala en l'ost du Roy nos⁵ᵉʳ qui seoit au Pont à Bouvines; et y ala au commant d'eschevins pour nonchier à mons⁵ᵉʳ le Duch que les gens venoient que li ville y envoioit; pour III jours.... XXIIII s.

Pour pignonchiaus qui furent porté en le dite ost, pour le carroy desdites gens et pour I vallet qui fu avoec lui, par autant de jours. XII s.

Pour Reuelet envoiiet en l'ost du Roy nos⁵ᵉʳ le lundy après le Saint Sacrement.. VII s.

Pour II mesages envoiiés hors au commant d'eschevins l'un en l'ost et l'autre à Aire.. XVIII s.

Pour Hanot de Lillers envoiiet à Saint Omer le jour Sᵗ Lœurenc et porta lettres à Jeh. Naimery et à Baude Morteanwille................ X s.

Pour ledit Hanot envoiiet en l'ost à Lens le nuit Nostre Dame mi aoust et porta lettres as dessus nommés........................ IIII s.

Pour I mesage envoiiet en l'ost du Roy nos⁵ᵉʳ ledite semaine, et fu vers Le Bassée.. VIII s.

Pour voies que Adans li mess[agiers] fu envoiiés en l'ost vers Ostrevans pour savoir ent nouveles.................................... IIII s.

Pour Hanot de Lillers envoiiet en ledite ost après les octavles de le mi aoust... VI s.

Pour ledit Hanot envoiiet en l'ost le nuit S. Jehan Décolasse... IIII s.

Pour Adan le mess[agier] envoiiet en ledite ost, ledite semaine.. IIII s.

Pour Adan le mess[agier] envoiiet en l'ost vers Tournay....... VI s.

Pour I mesagier qui porta lettres à mons⁵ᵉʳ le Duch ou point que li Rois nos⁵ᵉʳ fu à Saint Andrieu d'alès Aire pour le ville excuser....... VIII s.

Pour IIII messagiers qui furent envoiiet en ceste darraine ost du commant d'eschevins, à IIII fois.............................. XXVIII s.

Pour courtoisie faite as serjans le castelain pour che qu'il assanlèrent les arbalestriers ou praiel des Ardans,......................... XVI s.

Pour estraire tous les bourgois et manans de le ville qui contribuèrent à l'assiete de environ XIIIᶜ lb. que li saudoiier despendirent II fois qu'il furent en l'ost; et pour ychiaus coppier et doubler par III fois et pour les argentiers.. XXXII s.

Pour les saudoiiers darrains estraire et rescripre par pluiseurs fois pour baillier as connestables.. XII s.

Pour II garchons envoiiés en l'ost par II fois................. XII s.

Pour une voie faite en l'ost par Jehan du Viesfort, et y porta deniers à Guiffroy de Thelu et à Jehan Naimery pour paiier les saudoiiers de le ville, demoura II jours alant et venant, VIII s. par jour......... XVI s.

Pour I vallet qu'il mena avoec lui pour le sauveté del argent, II s. par jour.. IIII s.

Pour IIᶜ torques pour ardoir en l'ost, dont li uns cens fu fais au commaht Colart Augrenon et li autres au commant Audefroy Louchart, ᴌ s. du cent.. ᴄ s.

Somme ɪɪɪɪᶜ xxxɪɪɪ lb. xvɪɪ s. x d. pour le darrain ost.

Somme toute pour le frait de tous les saudoiiers que on envoia en l'ost pour tout chest eschevinage, qui font cest conte :

xɪɪᶜ xvɪɪɪ lb. xvɪ s. ɪɪɪɪ d. ∅.

Et pour les frais dessus dis paiier, fu faite une assiete par eschevins, vingt-quatre, vintaine, maieurs des geudes et autres boines gens de le ville pour les bourgois et forains manans en le ville, li quelle assiete, eïnsi que il appert par les rolles monte, à tout venir ens : xɪɪɪᶜ ʟvɪɪɪ lb. x s.

Et en a fraiiet, si comme il appert par les parties dessus escriptes : xɪɪᶜ xvɪɪɪ lb. xvɪ s. ɪɪɪɪ d. ∅.

Et eïnsi remaint que il y aroit de moeble de tout venir ens : vɪˣˣ xɪx lb. xɪɪɪɪ s. vɪɪ d. ∅.

Et pour che que il y a pluiseurs personnes assavoir qui maintiennent qu'il ont esté en l'ost, dont on ne pœut mie à présent bonnement estre paiiet, pour quoy les acquis de chest compte ne se porroit mie briement faire, li eschevin qui font chest compte laissent le mœble de leur grant compte pour tout cest compte parfurnir et aemplir, et avœc, aucunes coses qui audit compte porroient falir ou seroient oubliies de compter, lesquelles seroient et doivent estre tout premiers reprinses au plus apparant et au milleur dudit mœble ; et tout le surplus, yaus acquitiés, il le laissent à le ville.

[*Ibid.*, Arch. comm. d'Arras.]

VI

Saint-Ouen-lez-Saint-Denis, le 4 janvier 1346 n. st. — Philippe VI mande aux maire et échevins d'Arras d'envoyer à Paris, à la Chandeleur, deux ou trois bourgeois les plus compétents pour donner leur avis au sujet des gabelles avec les gens d'Église et les nobles.

Pʜɪʟɪᴘᴘᴇ, par le grace de Dieu rois de France, à nos amés le maieur et les eschevins d'Arras salut. Nous avons entendu par la relation de pluiseurs dignes de foi que nos subgés et nostre peuple se tienent à moult grevés de pluiseurs impositions gabelles et carges qui ont esté faites pour cause de nos guerres, et aussi de pluiseurs nos prévos fermiers, et de la grant et excessive multitude de nos sergens et de commissaires envoiés par nostre roialme sur pluiseurs et divers cas, dont nous avons grant compation et tres grant desplaissance en cuer, et volentiers y pourverions des milleurs

et plus convenables remèdes que nous porions; et pour che qu'il se puissent mieus et plus convenablement faire, avons ordené de avoir sur che le
consel et avis des prélas et personnes d'Église, des barons et autres nobles,
des communes et bonnes villes de nostre roiaume. Si vous mandons et requérons que, toutes excusations cessans, vous envoiés à Paris par devant
nous, au jour de la Candeler prouchain venant, deus ou trois des plus
souffissans de ladite ville, les mieus instruis et avisés que vous porrés sur
les coses dessus dites, affin que, par le bon consel de vous et des autres
nos subgés que nous mandons à ladite journée, nous puissons ordener sur
che cose qui soit agréable à Dieu et pourfitable à nostre peuple et à tout
nostre roiaume. Donné à Saint Oin lès Saint Denis, le iiiie jour de janvier,
l'an de grace mil ccc. xlv.

[Cartul. en papier du XIVe s. N° 23 f° xvi v°. — Arch. comm. d'Arras.]

VII

Arras, le 27 janvier 1346 n. st. — Accusé de réception des lettres précédentes
adressé au roi par les maire et échevins d'Arras.

A tres excellent et tres poissant prinche no tres chier et redoubté signeur
mon signeur Philippe, par la grace de Dieu roy de France, li vostre humle
subget, maires et eschevins de la ville d'Arras enclin et obéissans à tous
vos commandemans et boins plaisirs. Tres chiers et redoubtés sires, vos
bégnignes lettres avons recheues faissans mention que pour certaines causes
en ycelles contenues nous envoions à Paris par devant vous au jour de le
Candeler prouchainement venans ii ou iii des plus convenables de ledite
ville et les mieus instruis et avisés que nous porrons : lesquels coses, tres
redoubtés sires, nous aemplirons à vostre plaisir et commandement au
mieus que nous porrons. Nostres Sires par se sainte grace vous doinst boine
vie et longhe. Escript à Arras le venredi prouchain après le jour Saint Pol
l'an de grace mil ccc et xlv.

[Ibid. N° 24, f° xvi v°. — Arch. comm. d'Arras.]

VIII

Arras, le 28 janvier 1346 n. st. — Les maire et échevins font savoir au roi qu'ils
ont choisi Jean Naimery et Guiffroy de Telu pour comparaître à l'assemblée de
la Chandeleur.

A tres excellent et tres poissant prinche no tres chier et redoubté signeur
mon signeur Philippe, par le grace de Dieu roy de France, li vostre subget

maire, eschevin et communités de le ville d'Arras enclin et obéissant à tous vos commandemens et boins plaisirs. Tres redoubtés sires, vos bénignes lettres avons recheues faisans mention que nous envoions pardevant vous à Paris au jour de le Candeler prouchainement venant ii hommes des plus convenables de ledite ville et les mieus instruis que nous porrons, pour avoir avis sur pluiseurs besoignes contenues en vostre dit mandement. A vostre excellence, tres redoubtés sires, nous signifions que, en obéissant à vous, nous envoions Jehan Naimery et Guiffroy de Thelu[1] porteurs de

[1] Comme on l'a vu ci-dessus (Docum. V *bis*), les contingents d'Arras envoyés en 1340 rejoindre l'armée du roi à Pont-à-Bouvines, furent placés sous le commandement de Guiffroy de Thelu et Jean Naimeri.

L'ancienne famille bourgeoise des Naimery est souvent rappelée dans les titres, dès 1198 jusqu'au début du xv° siècle.

Baude Fastoul dit dans son *Congé*, v. 145 :

> Pitiés va t'ent à Saint Géri,
> A sire Jehan Aimeri
> Roeve congié.....

et, soit dit en passant, l'indication qui termine la strophe permet de rattacher à 1274 la date indéterminée de ce petit poème. (Voir Godefroy, *Inv. des ch. d'Artois*, 1ᵉʳ juillet 1274.)

Leur maison patrimoniale était en effet rue Saint-Géry, en face de l'église, à l'enseigne des *Cailleaux*, aujourd'hui vis-à-vis de la place. Jean Naimery, fils de feu Jean et petit-fils de notre député aux États, sa sœur Rasse et leur mère Rasse le Courtoise vendirent, en 1398, l'héritage paternel à Gilles Bernard, fils de Michel Bernard, hautelisseur. Elle passa ensuite à Jean Caulier, à Jehan de Paris, aux Vignon, etc. Jean du Clerc, *Mém.* III, 95, y mentionne une taverne en 1461. Notons encore que Andriet Nemery fut le complice d'Andrieu de Monchy, chevalier, dans les représailles exercées par celui-ci contre un bourgeois d'Arras, pour venger la mort de son père, un des échevins massacrés dans l'émeute de 1356. (Arch. nat., JJ Reg. 86, pièce 140 et Reg. 89, pièce 145.)

Le nom de Thelu (Telu, Tiulu, Theluch, Tieuluch), village situé près d'Arras, était porté au xiii° siècle par des bourgeois de condition diverse : Hellin qui louait, en 1303, son grenier pour y mettre les blés des domaines de Fampoux et de Langlée à l'abri des entreprises de l'ennemi. — Jean de Telu, dit *de Grauechon*, demeurant en effet dans cette rue, en 1315, au rang et tout près de l'hôpital Saint-Jacques, sans doute le tapissier qui travaillait en 1324 pour Mahaut d'Artois, mort en 1341 ; — Hue de Telu chargé par la même comtesse de travaux au monastère de la Tieuloie et de payer, en 1328, les gens d'armes de l'ost de Flandres ; — un Jean de Thélu, bailli d'Hesdin en 1336, et, s'il y a identité, homme de Saint-Vaast en 1338 ; — enfin Jean et Guiffroy de Thélu inscrits parmi les notables de la bourgeoisie s'engageant par acte de 1323 à défendre ses privilèges. (*Inv. chron. des Chartes de la Ville d'Arras*, Docum. LXXI, p. 63.)

Ce Guiffroy, un des échevins nommés le 18 janvier 1343, fut envoyé cette année en mission à Paris, peut-être aux États, en compagnie d'un Vingt-quatre et

ches lettres pour estre et comparoir par devant vous ou vostre tres noble
consel à ledite jornée, pour oïr et rapporter che que sur les coses dessus
dites vous plaira dire et ordener. Nostres Sires par se sainte grace vous
doinst boine vie et longhe. Escript à Arras ie samedy prouchain avant le
jour de le Candeler l'an de grace mil ccc et xlv [1].

[*Ibid.* N° 25, f° 17 r°. — Arch. comm. d'Arras.]

IX

Saint-Omer, le 7 mars (1346 n. st.). — L'échevinage de Saint-Omer, informé
que certains routiers viennent d'être arrêtés à Calais, demande à l'échevinage
d'Arras des renseignements sur ceux qu'il aurait justiciés.

A pourveables et sages les eschevins d'Arras, maieur et eschevins de la
ville de Saint Omer salus et amistez. Nous avons, cestui vii° jour de mars,
receu unes lettres à nous aportées de par la ville de Calais, esquelles entre
les autres coses est contenu que plusieurs compaignons, portans garretiers
de maille de haubergerie, sont souspeçonné de traïson ou autre mauvesté
avoir faite ou royaume de France, se à chief en eussent peu venir; et que
d'iceulx, iiii en sont prins en ladite ville de Calais, sans ce qu'il aient rien
confessé, et en doivent estre prins et exécutez, si comme on dist, dedens
vous. Si vous prions chièrement que, se aucune justice a esté faite du samblable dedens vous, ou se aucuns en ont esté prins, vous nous vuelliés
rescripre par cest message leurs noms, leur confession et ce que fait en a

d'un mayeur de gueude. Nous voyons plus haut qu'on l'y députa de nouveau en
1346. Son nom figure sur des listes d'échevinage en 1348 et 1355.

Quant à Jean de Telu, échevin en 1340, il devint, en septembre 1347, con-
seiller pensionnaire de la ville, aux gages de quatre livres parisis pour chaque période échevinale de quatorze mois, avec son logement dans une dépendance de
l'ancienne halle, à l'angle intérieur de la place actuelle des États, contiguë à la
maison de la *Miauwe* (la Mouette), qui fait le coin sur la rue des Portes-Cochères.
(*Cart. papier* xiv° s., pièce 21, f° xvi r°.)

[1] L'extrait suivant du compte de la Hanse de Lille pour l'année 1346, nous
donne les noms de ses députés et mentionne les rapports écrits présentés séparé-
ment au nom des villes d'une part, d'autre au nom des prélats et barons :

«A signeur Lotart Kanart, Lotart Fremaut et maistre Jaquemon le Clerc envoiiés à Paris quant le roys manda pluiseurs des bonnes villes du royaume, et murent le xxviii° jour de janvier et revinrent xi jours en février.....

«Item... pour le coppie dou consel et des raisons respondues au Roy de par
les villes dou royaume, et pour le coppie et le response des prélas et barons....»
— (Arch. comm. de Lille.)

esté, en délivrant ledit message le plus briefment que vous pourrez. Dieux vous ait en sa sainte warde. Escript le vii° jour de mars au vespre.

La suscription manque; elle devait être sur la bande.

Traces d'un cachet d'environ 60 millimètres chargé d'une grande fleur de lys, type qui n'est décrit ni par Deschamps de Pas ni par Demay, parmi les sceaux communaux de cette ville. — [Orig. parchemin. — Arch. comm. d'Arras.]

X

Au Moncel-lez-Pont-Sainte-Maxence, le 3o octobre 1346. — Philippe VI autorise les échevins d'Arras à inonder, démolir et brûler les faubourgs pour la défense de la ville, sans être tenus à aucune indemnité.

Philippe, par le grace de Dieu Rois de Franche, à tous cheus qui ces présentes lettres verront salut. Savoir faisons que pour che que nous avons entendu que en le ville d'Arras et hors environ d'ichelle a pluiseurs fourbours, murs, maisons et autres édefices qui à le dite ville porroient estre nuisans et grevables par le tamps de ches présentes guerres, pour les recès et targemens que nos anemis y porroient prendre et avoir, se remède n'i estoit mis, avons otroié et otroions de grace espécial par ces présentes que les eschevins de ladite ville, par le consel et ordenanche du gouvreneur d'Artois ou du baillu d'Arras, puissent faire ardoir, floter, destruire et abatre les fourbours et tous les autres lieus et coses qui seroient près de ladite ville où siège porroit estre mis par nosdis anemis, et partout où il verront que bon leur sanblera à faire pour eskieuwer tout péril, sans che que euls ou le communautés ou aucun d'eus soient tenus de ent faire restitution aucune ou tamps avenir pour la destrusion des lieus dessus dis. Donné au Monchel les Pons Sainte Maixence, le pénultime jour d'octembre l'an de grâce mil ccc. xlvi.

[Cartul. en papier du xiv° s. N° 42, f° 31 v°. — Arch. comm. d'Arras.]

XI

Hesdin, le mardi 27 février 1347 n. st. — Réponse des échevins de cette ville à ceux d'Arras au sujet de la levée du siège de Calais faussement annoncée.

Chier signeur, Nous avons bien veuü chou que escript nous avez; si vous certefions que, du deslogement du Roy d'Engleterre, de son partement, ne là u il doit aler, nous ne savons riens et n'en avons oy nulle nouvelle, mais, par oïr dire, on dist qu'il est tous koys en se ost; et, se autre cose en savièmes, nous le vous ferièmes savoir, car nous sommes appareilliet à

faire tout che que nous sarièmes que boin, honnerable et pourfitable vous
seroit. Nostres Sires vous veulle warder. Escript le mardi après nommé devant *Oculi mei*.

      Les vostres en toutes coses,

            Maieur et jurés de la ville de Hesding.

L'adresse sur le pli : A sages discrets et honnerables nos chiers amis esquevins
d'Arras.

[*Orig. papier.* — Arch. comm. d'Arras.]

XII

Aire, le mardi 27 février 1347 n. st. — Réponse des échevins de cette ville à ceux
    d'Arras, donnant des nouvelles du siège de Calais et divers autres renseignements
    militaires et politiques.

No chier signeur, Nous recheumes vos lettres chest mardi prochain
après feste saint Pierre en féverier l'an XLVI, contenans que vous entendiés
que li Roys d'Engleterre s'estoit deslogiés et qu'il devoit chevauchier ne
saviés quel part, pour quoy nous requérés que nous vous faichons savoir
par nos lettres se nous le savons, et quel part il se traira, et de toutes
autres cozes qui pœuent avoir rewart à s'ost, par quoy sour che vous
puissions pourveoir etc°. No tres chier signeur, savoir vous faizons que de
seu deslogement, ne quel part il se vaura traire, riens ne savons; mais
Englesc et Flamenc nous font moult de grief de jour en jour, argent,
villes et manoirs prendent et tuent de nos gens, et nous des leurs quant
nous poons, et portent moult grant damage au pays entre Calais et Ayre,
à quoy Dieus tous poissans par sa grace vœulle mettre remède. Et vous
certhefions que, le nuit de le dite feste saint Pierre, fu prinze une femme
de Bruges et amenée à Ayre portant lettres d'un bourgois de Bruges à
Mre Philippe de le Cour à Saint Omer, maistre de médechine, et dist on
qu'il est astrenomiens, contenans avœuc moult d'autres cozes que les
choses qu'il avoit dit, passé a VII ans, qui averroient de ches présentes
ghierres l'an XLVI, il en avoit dit pure vérité, et qu'il fezist savoir au dit
bourgois tout chou que savoir emporroit; et que li contes de Flandres
estoit en Flandres et avoit pardonné as Flamens tous leurs meffais, et
que, sour tous les descors qu'il avoient eüü li ∫ vers les autres, il estoient
tout d'acort, par condition que li dis contes de Flandres pardonoit le mort
de sen père et devoit prendre à femme le fille dudit Roy, et que li ma-
riaiges estoit fais du prince de Walles et de le fille le duc de Breubant;
et que li baniers avoit prins de wiere Challe de Behaigne; et que li contes

Darbi et li bers de Stanfort ont assanlé ı ost de ʟ mil hommes, qui feront ı ost à par auls et n'iront nient avœuc ledit Roy, et ne seit quel part il prendront terre ne là où il se trairont. Et sour chou voie vostre pourveüe discrécions que boin en sera à faire, que autre coze n'en poons savoir, et nous vœulliés avoir comme les vostres en tout recommendés. Nostre Sires vous ait tous temps en se sainte warde. Escript le mardi dessus dit.

Li tout vostre prest à tous vos plaisirs et commandemens, maires et eschevin de le ville d'Ayre.

L'adresse sur le pli : A honnerables hommes sages et poissans nos chiers et amés signeurs les esquevins de la boine ville d'Arras.

[*Orig. papier.* — Arch. comm. d'Arras.]

XIII

Saint-Omer, le 27 février 1347 n. st. — Réponse des échevins de cette ville à ceux d'Arras à propos de la levée du siège de Calais et autres bruits répandus, avec leurs appréciations sur la défense du pays par le roi.

Tres chier et bon ami, Nous avons receu voz lettres cestui mardi pénultime jour de février après heure de dyner, contenans que vous avez oy dire que li Roys d'Aingleterre s'est deslogiés dou siège où il estoit, et nous requérez de vous rescripre ce que nous pouons savoir de son deslogement et où il se pense à traire. Suz quoy il plaise savoir à voz amées honnestez que, en cestui cas et en touz autres, à vostre seurement et du pays, selon ce que nous pourrièmes sentir de la vérité, vauriens avanchier vostre requeste. Et tant que du deslogement que voz lettres contienent, ne savonz riens; ainchoiz est vérités li contraires, car au jour de ces lettres escriptes, si comme nous l'avons entendu, l'ost du Roy englès assalli la ville de Calaiz, et ne pense li diz Roys à lever son siège sans avoir ladite ville, que Dieux ne vuellie. A la quel chose, ne à toutes les choses qui touchent au païz qui font les marches joignans des ennemiz, li Roys noz souverains sires, ce nous semble, combien que les doubtes li ont esté escriptes par nous et par autres, met tres petite aide et résistement. Et encore avons oy certaines nouvelles, et les creons, que li contes Derbi assemble ı ost de cinquante mil hommes pour venir à par eulx et prendre terre d'entour nous et faire du piz qu'il pourront à vous, à nous et au pays d'Arthois, et par espécial à nous qui sommes joignans dés ennemiz. Et encore, chierz amiz, avons entendu que un parlement se fait à Furnes auquel mentions ert faite du mariage du conte de Flandres et de la fille au Roy d'Aingleterre, et dou prince de Wales et de la fille au duc de Brebant; lesquelz mariages, se il se feïssent, on ne doit supposer fors du tout à nostre contraire. Si loist que toutes bonnes villes qui aiment leur honneur et la couronne de France, pour loiauté garder envers leur droiturier et souverain seigneur, soient sur leur garde en tout, sauf vostre milleur aviz. Foiablement nous escripvez, adez vous ferons sentir ce que nous saurons comme bonne ville à autre. Escript incontinent voz lettrés receues.

Maïeur et eschevins de le ville de Saint Omer.

La suscription manque; elle était sans doute sur la bande mobile.

[*Orig. parchemin.* — Arch. comm. d'Arras.]

XIV

Reims, le 3 mars 1347 n. st. — Les échevins de Reims écrivent à ceux d'Arras pour savoir la vérité sur la levée du siège de Calais et l'état de la guerre.

Tres chiers seigneurs et bons amis, Nous avons entendu que li Roys de Angleterre se est levez dou siège de devant Kalays pour aller ailleurs. Si vous prions affectueusement que il vous en plaist à nous rescripre ce que vous en poez savoir bonnement, et tant en weilliez faire comme vous vorriez que nous feyssiens pour vous en tel cas ou en autres, laquelle chose nous feriens volentiers à vostre honneur et profit. Et aussi se aucune chose vous savez de l'estat de la guerre, que vous nous puissiez bonnement faire savoir, si le nous mandez se il vous plait par le porteur de ces lettres. Nostre Sires Dieux vous ait en sa garde. — Se vous volez chose que nous puissiens, nous sommes apparilliez à vos bons plaisirs. Escript seur le seel de nostre secreit, le IIIe jour de mars à heures de vespres.

Les tous vostres les eschevins de Reins.

Pas d'adresse sur le pli; elle était sans doute sur la bande.

[*Orig. parchemin.* — Arch. comm. d'Arras.]

M. Guesnon.

XV

Fauquembergue, le 15 août 1347 n. st. [1]. — Robert de Fiennes, lieutenant du roi, répond à la demande des maire et échevins d'Arras qu'il ne peut en ce moment leur envoyer un capitaine, mais qu'il compte lui-même, à la tête de grandes forces, assurer très prochainement la défense du pays.

Chier ami. Nous avons recheu vostres lettres et veu le contenu en ycelles avœc le conseil du Roy no signeur estant avœques nous. Si vous faisons assavoir que nous vous savons tres grant gré de le boine et loyal affection que vous avés à ces besoignes. Et en tant que vos dites lettres font mencion que ce seroit boin d'avoir à Arras une [2] capitaine à cui on se peust ralier et consillier, vraiement nous creons que vostres consaus est boins et honnerables pour l'estat du Roy noss^r, pour le pourfit de son royame et de vous meismes, pour tout le païs. Mais en vérité, tant que ad présent, nous ne sommes mie si tres bien aesiet que nous vous peuissons envoier capitaine telle [3] que nous vaurrièmes au lieu et u païs, autre que nous meismes; avons entente de estre bien prouchainnement entre vous et les anemis, si efforchiement que, à l'aide de Dieu, et de vous u nous avons grant fiance, li anemi n'aront mie tel pooir de grever au païs par devers vous que il ont fait aileurs, dont il nous desplaist, et tous jours vous conforterons et orrez nouveles de nous. Nostre Sires en se sainte garde vous ait. Escript estant à Fauquembergue le xve jour d'Aoust.

Le signeur de Fienles, lieutenant du Roy nos^r.

L'adresse sur le pli : A nos chiers et boins amis le maieur et esquevins d'Arras.

[Orig. papier. — Arch. comm. d'Arras.]

[1] Cette date, que nous proposons non sans réserves, nous a paru la plus vraisemblable. La prise de Calais (4 août) justifie les alarmes des bourgeois d'Arras. Quant à Robert de Fiennes dit Moreau, il était «lieutenant du roi par toute la langue de Picardie» dès avant la journée de Crécy.

[2] *Sic.*

[3] *Sic.*

XVI

Au Moncel-lez Pont-Sainte-Maxence, le 23 août 1347 [1]. — Philippe VI mande
aux échevins d'Arras qu'il a fait sa semonce à Amiens pour le 1ᵉʳ septembre, et
les requiert d'y envoyer leur milice.

De par le Roy

Eschevins d'Arraz, Sour ce que nous avons entendu que le Roy d'Angleterre, nostre anemi, entent chevauchier et soy traire avant en nostre
royaume, nous avons fait nostre cemonse à Amiens au premier jour de septembre prochain venant, auquel jour et lieu nous serons sanz faute pour
conforter noz bonnes villes, vous et les autres, et le pays, et nous combatre
à noz anemis, se il chevauchent et se traient avant. Si vous prions et requérons, sus la loyauté et amour que vous avez à nous, et à la couronne de
France, que vous vous ordenez à nous venir servir, ou meilleur arroy et le
plus efforciement que vous pourrez, à gens d'armes, de cheval et de pié, et
soiez prest de partir et venir à nous quant nous le vous ferons savoir. Car
sachiez nous nous fions par espécial de vous, et ne vous manderons pas sanz
cause. Et sus ce ne nous vueilliez faillir. Donné au Moncel le xxiiiᵉ jour
d'Aoust.

[*Orig. parchemin.* — Arch. comm. d'Arras.]

XVII

Remontrances adressées à Philippe de Valois, au nom des bonnes villes, dans
l'assemblée des États généraux convoquée à Paris le 30 novembre 1347 [2].

Nostre tres redoubté, tres poissant et tres souverain signeur. Pour che
que de vostre tres bégnigne grace et humelité vous nous avés mandé entre

[1] Bien que nous ne trouvions trace nulle part d'une semonce de l'armée royale
à Amiens pour le 1ᵉʳ septembre 1347, la date proposée nous semble ici la seule
vraisemblable, tant à cause de l'imminence d'une nouvelle chevauchée des Anglais
au lendemain de la prise de Calais, que de l'appel d'autres contingents mandés à
Amiens par le roi au 19 septembre (P. Varin, *Arch. admin. de la ville de Reims,*
t. II, 2ᵉ partie, p. 1159).

Mais Philippe VI, qui se trouvait encore à Arras le 11 août (*ibid.*), était-il au
Moncel le 23? On peut du moins, affirmer qu'il y était le 25, comme le prouve
l'ordre adressé par lui de cette résidence aux baillis de Caen et de Rouen d'avoir
à contraindre les récalcitrants au payement de la garde de leurs bailliages confiée
au capitaine Godefroy de Harecourt, chevalier, sire de saint Sauveur-le-Vicomte.
— (Bibl. nat., *Chartes royales,* Fr. 25,698, nᵒ 162.)

Cette constatation nous paraît suffire à lever tous les doutes.

[2] Les lettres royales de convocation pour Arras, non plus que les noms de ses

nous boines villes de vostre roiaume, à ceste Saint-Andrieu l'an XLVII, et vous a pleu nous faire exposer par monsigneur de Lauon et de Saint Denys pluiseurs coses mout féablement, et que au fait de vos guerres vous volés par nostre consel user et aviser, avœc autres coses, dont nous vous regracions tant comme nous poons, et, pour chou que vous vous confiés de nous, ne nous devons celler cose qui soit déshonncravle à vous et à la couronne et à tout vostre peuple : nous, de nostre petit avis, avons pluiseurs coses considérées qui mout sont desplaisans à tous, communs et autres, et doivent estre à toutes boines personnes, et dont on a murmuré grandement sur vous et sur vostre estat. Si vous supplions que de vostre bénigne grace il vous plaise nous oïr et excuser se trop en parlons, car point de mal n'i pensons, fors parfaite loiauté et amour que nous avons eu tous tamps et arons à vous, [et vous] disons vérité selonc nos consiences, et, se bien en volés enquerre, vous le trouverés.

Premiers, tres poissans sires, vous devés savoir comment et par quel consel vous avés vos guerres démenées, et comment vous, par malvais consel, avés toudis perdu et nient ganiet, ja fust ce qu'il ne fust homme ne prince vivant ou monde que, se vous eusiés eu boin consel, vous deust avoir peu aucune cosse meffaire ne à vostre subgés. Si gardés qui est entour vous, et vous souviengne comment vous avés esté menés à Amiens, à la belle assanblée que vous y feistes, à Burenfosse, à Thun-l'Evesque, à Bouvines, à Aguillon, et depuis partout; comment vous estes alés en ces lieus honnerés, à grant compaignie, à grans cous et à grans frais, et comment on vous y a tenu honteusement et ramené villainement et fait donner toudis trieuwes, ja fust ce que li anemy fussent en vostre roialme et au desous; et toutes voies on vous faissoit acroire ce que on voloit, qui tout estoit faus, par quoy vous estes enclinés à donner trieuwes, et par tels consaus avés esté déshonneré. Et encore de nouvel vous puet et doi bien souvenir comment vous fustes demenés quant les Englès furent à Poissi, et comment

députés aux États généraux de la Saint-André, ne nous sont parvenues. Mais P. Varin (*Arch. adm.*, t. II, 2º partie, p. 1161) a publié celles de Reims, sans doute identiques; elles sont datées de Saint-Christofle en Halate, le 10 octobre 1347.

Le roi y insiste pour que les procureurs se pourvoient d'instructions explicites, de façon à ne pas devoir retourner prendre l'avis de leurs commettants, et ce «pour eschuer (esquiver) aux mises et despens qui se en pourroient ensuir». Ces allées et venues étaient en effet dispendieuses pour les villes et elles augmentaient pour tous les frais de séjour.

M. Hervieu (*Recherches sur les premiers États généraux*, 1889, p. 227) prête au roi cette pensée qu'«envoyer des procureurs uniquement pour entendre des propositions et impuissants à les voter, c'était un moyen «pour eschuer aux mises «et despenz qui se en pourroient ensuir.»

Cette interprétation donnerait lieu de suspecter le patriotisme des bonnes villes; heureusement elle ne semble pas fondée.

vous estiés vers vos anemis à Saint-Denys et on vous fist aler à Antongny
en grant haste, tant que vos anemis fuissent passés sans damage, et puis
vous faisoit on fuir après euls et tuer vous, vos gens et chevaus, et ne les
poiés ataindre.

Item, comment pendant les trieuwes vous avés toudis gasté toute la
chevanche et revenue, gabelles, impositions et disimes, et quant la guerre...

La transcription est ainsi interrompue à mi-page.

[Cartul. en papier du xiv⁰ s. N⁰ 55 et dernier f⁰ xxxvii r⁰. — Arch. comm. d'Arras ⁽¹⁾.]

XVIII

Bordeaux, le 12 décembre 1356. — Lettres du roi Jean aux prévôt des marchands et échevins de la ville de Paris pour les remercier de leur attachement, de leur fidélité, des subsides de guerre octroyés au dauphin, et en
même temps leur persuader qu'ils ne peuvent obtenir sa délivrance qu'en signant la paix.

De par le Roy,

Coppie — Prévost des marchans et eschevins de nostre boine ville de
Paris. Nous escripvons par nos autres lettres aus prélas et autres gens de
sainte Eglise, aus nobles, à vous tous autres bourgois et habitans des
boines villes de nostre royaume en général, que nous avons moult souvent
entendu par pluiseurs prisonniers et autres qui sont venus par decha, que
de jour en jour nous est raporté la bone affeccion et le tres grant désir et
volenté que vous et euls avés à nostre délivrance et à ravoir nostre personne des mains de nos anemis, dont vous mercions et vous et euls par

---

⁽¹⁾ Le plus ancien inventaire de nos chartes communales, dressé au seizième
siècle, recopié et complété au xvii⁰, signale, layette viii sous la cote O, des lettres
royaux de convocation à une autre assemblée d'États de la même année. L'inventaire méthodique du xviii⁰ siècle classa le document parmi les *Pièces indifférentes*,
aussi a-t-il été détruit; il n'en reste que l'analyse suivante :

«Lettres données de Philippes, Roy de France, le xv⁰ septembre 1347 contenantes mandement aux Mayeur et Eschevins d'Arras d'envoier deux ou trois de
leurs bourgeois en (de ?) la ville d'Arras, pour ouïr, conférer et résoudre avec les
prélats, nobles ou non nobles de la province de Reims pour les besoignes des
guerres. — Cottées O.»

Il n'est pas douteux que cette convocation n'ait pour objet l'assemblée de
Montdidier autorisée par lettres du roi envoyées d'Amiens le 15 septembre aux
prélats, nobles et non nobles de la province de Reims et du Beauvoisis, lettres
exposées au Musée des Archives nationales, vitrine 54, n⁰ 361. — (V. H. Hervieu, *Recherches sur les premiers États généraux*, p. 226.)

nos dites autres lettres et à boine cause. Et par espécial tenons nous pour ferme que devant tous autres sommes nous tenus à vous savoir bon gré et mercier de la grant amour et féaulté que vous monstrés en ceste partie de fait avoir à nous, si comme tous jours continuelment avez eû, car nous savons bien que vous qui estes gouverneurs de nostre boine ville de Paris, qui est chief principal de toutes les autres villes de nostre royaume, avés esté premiers promotteurs de ceste besongne, et les autres vous ont sievy comme membres, et se sont consentus et enclinés à ce que vous avés premiers volu et proposé, et encore le recongnoistrons envers vous en lieu et en temps, se Dieu plaist. Et se Dieu nous a donné grace d'avoir fait chose qui vous soit plaisant, certes nous en sommes bien liez et joyeus et en loons et mercions nostre Sire et lui en rendons souvent graces et mercis; et se vous nous avez attribué los et honneur de nostre part en la baitaille, comme nous a esté raporté que ainsi avés vous fait, c'est sans nostre déserte; mais toutevoies, comme il est nottoire, nous nous sommes exposés au péril que vous savés qui y gist, pour vous pourcachier pais et repos; et à ce faire avons nous moult souvent veillié, que l'en cuidoit que nous feissions autre chose, quar souventefoiz nous ont porté grant doulour au cuer les nouvelles que chascun jour ouyons du grief et de l'enuy que nos subgez souffroient seur les frontières de nostre royaume et ailleurs par les malices de nos anemis et les soudaines courses qu'il y faisoit; et se à ceste foiz ne poons avoir fait chose qui vous soit proufitable, certes ce nous poise moult; mais, comme vous savés, les advénémens des baitailles sont doubteux, et néantmainz n'avons nouz fait chose que nous ne faissons demain ou cas samblable, plus volent iersque onqué maiz ne feismes, pour vous pourcachier plaisir et proufit. Et quant nous considéronz la très grande et parfaite amour que l'en nous a raporté que vous et nos autres bons et féaulz subgez avez à nous de ce que nous en avons fت, nous y prenons très grant confort en l'estat où nous sommes. Si vous prions et requérons bien affectueusement, et tant de cuer comme plus poons, que en ceste féaulté et amour vous veilliés continuelment persévérer et avoir le fait de la délivrance de nostre personne tous jours à cuer et à mémoire, si que nous nous empuissons briefvement apperchevoir. Et certainement, se vous nous estes à ceste fois bons subgez, ainsi que tous jours avés esté et que nous tenons que ainsi soiés vous, vous nous trouverés tout nostre vivant bon et gracieux, et entendrons à vostre gouvernement le mieux et le plus diligemment que nous pourrons selon Dieu et justice; et se aucuns de nos conseillers ou autres ont fait chose qui soit tournée ou puisse tourner à vostre préjudice ou domage, ou d'aucun de vous en aucune manière, nous le ferons, se Dieu plaist, radréchier au plus tost que nous serons par dela, si que il vous sera bien agréable. Et de ce que nous avons entendu que, pour amour de nous, vous et nos autres subgez avez ottroyé à Charles, nostre ainsné filz, grant secours et aide de gens pour miex et plus tost ravoir nostre personne au délivre et mener (et) à faire guerre à nos anemis, nous vous mercions bien acertez et de ceur; mais nous voulons bien que vous sachiés qu'il est imposible que vous nous puissiés jamais ravoir par guerre, ne autrement que par traittié d'accort et de pais. Car se nos anemis à qui nous sommes prisons sentoient que par guerre vous nous vausissiés ravoir et recouvreer, il nous translateroient mout souvent de lieu en autre, si que vous ne autre ne nous sariez ne porriez trouver. Et si, comme dit est, et vous le savés bien, les advènemens des baitailles sont doubteux, et considérés les grans maux et inconvéniens qui sont avenus par la guerre de nous et de nostre aversaire, et qui encore porroient venir plus grans se elle duroit longuement, et les biens qui d'autre part en sont empeschiés et destourbés; il nous samble que vous et tous nos autres bons et loyauls subgez vous devriez consentir à ce que boine pais et honnerable y feust mise. Nous vous prions aussi que bien tost et souvent vous nous escripvés des nouvelles et de tout l'estat de par dela, quar ce nous sera tres grant reconfort à nostre prison. Donné à Bourdeaus soubs nostre nouvel signet, le xii° jour de décembre. — Et pour ce que vous sachiés mieux que ce vient de nostre entention et mouvement, nous avons mis nostre nom de nostre main en ces lettres — Jehan.

L'adresse sur le pli : A honnerables hommes sages en tous biens pourveus les maïeur et eschevins de la ville d'Arras.

[*Copie orig. parchemin.* — Arch. comm. d'Arras.]

XIX

Paris, samedi 14 janvier 1357 n. st. — Les prévôt des marchands et échevins de Paris communiquent aux maire, échevins, bourgeois et habitants d'Arras une lettre du maire de Dreux, du jeudi précédent, annonçant la marche des Navarrais sur Paris, et les conjurent d'accourir en armes pour défendre la capitale.

Tres chiers seigneurs et grans amis, Nous avons receu lez lettres du maire et habitans de la ville de Dreux contenans la fourme qui s'ensuit : «Tres chiers seigneurs, plaise vous savoir que lez ennemis du royaulme chevauchent moult efforciement et ont ja prins de vérité la ville de Laigle et pillié ycelle; et dit on pour voir que monseigneur Philippe de Navarre y est avecques ces aliez jusques au nombre de iii^m combatans et doivent tenir leur chemin vers la ville de Dreux, si comme ceulx qui leur sont eschappés le dient. Si ne savons à qui de présent avoir refuige for que à la bonne ville de Paris et à vous. Pour ce est il que nous vous supplions humblement et en pitié que ad ce grant besoing vous nous veuliez aidier et conforter tantost et sans délay à la deffensse du païs et de nous meismes, ou autrement le païs est et sera désers à tous jours mais, et si y pourrés avoir moult grant damage. Et pour ce que la besongnie est moult hastive et longue, veulliez croire au seurplus le porteur de ces lettres de ce qu'il vous dira. Nostre Sire vous deffende de mal et de périlg. Escript en haste à Dreux, jeudi veillie saint Ylaire. Les tous vostres le maire et habitans de la ville de Dreux. » — Et aussi aions entendu que les dis ennemis ont entencion de venir tout droit à Paris, et vous savez que le Roy nostre sire et plus des capitaines du royaulme sont prisons des ennemis et ne nous peuent aidier. Pour quoy nous vous prions et requérons tant acertes comme plus poons que, considéré le périlg où vous et nous sommes, vous vous ordenez hastivement au mieux et au plus grant nombre de gens que vous pourrés affin de nous venir secourre, aussi comme vous voudrez que nous feissions pour vous, se mestier en aviez, ce que nous ferions tres volentiers et de cuer, se le cas s'i offroit. Nostre Sire vous ait en sa sainte garde. Escript le samedi xiiii jours de jenvier.

Les tous vostres recommandez, le prévost des marchans et les eschevins de la ville de Paris.

Dans le pli se trouve superposée au texte une étroite bande de papier, rattachée au bord de la feuille par une ligature de parchemin et portant ce postscriptum : Chiers seingneurs et amis, plaise vous à faire publier ces lettres par tous les lieux et villes là où vous verrez que bon sera, et au plus bref que vous pourrez, car en vérité les annemis chevauchent toujours.

L'adresse sur le pli : A noz tres chiers vraiz et bons amis, le maieur, les eschevins de la ville d'Arraz et les bourgois et habitans d'icelle.

[*Orig. papier. Fragment du sceau en cire rouge de la prévôté des marchands de Paris. — Arch. comm. d'Arras.*]

XX

Vis-en-Artois, le 9 novembre 1357. — Charles le Mauvais, évadé cette nuit même du donjon d'Arleux-en-Gohelle, informe de sa délivrance les maire et échevins d'Arras.

Charles, par le grace de Dieu Rois de Navare, à nos tres chiers et boins amis maieur et eschevins de le ville d'Arras et tout le boin commun de la boine ville d'Arras salut. Tres chiers et espéciaux amis, comme vous et tout le peuple du roiaume de France saciez assés que nous avons esté prins et détenus vilainement et par long tamps en obscure prison sans aucune cause raisonnable, et aussi savés assés les grans sommations et requestes de droit qui ont esté faites par nous et par nos seigneurs et amis, de quoy riens ne nous a esté fait, et pour ce, à l'aide de Dieu et de nos boins amis, sommes délivres. Si le vous faisons savoir le plus hastivement que nous poons, pour le grant bien et amour que nous avons trouvé en vous tous puis le lamps de nostre dite prise.

Si ne veulliez mie penser que, pour le grace que Dieux nous a faite, nous veulons aucun mal au boin peuple du royaume de France, mais estre leurs boins amis, s'il ne tient à eux. Si vous prions tres affectuexement que, en la manière que tous jours avés esté, vous veulliés estre boins amis à nous et à tous nos amis à garder nostre honneur et boin droit, car sur ce avons en vous tres parfette fiance, et est nostre entente de vous faire savoir bien briefment plus à plain nostre fait et à tout le boin peuple du roiame de France. Et pour ce que nous estions désirans que vous seussiez nostre estat, nous vous avons escript ces lettres, le jour de nostre partement[1], à Vi en Artois, le ix° jour de novembre, soulx nostre signet, car nous n'avons point de scel, et les avons signées de nostre propre main.

CHARLES.

L'adresse sur le pli : A nos tres chiers et bons amis maieur, eschevins et à tout le bon commun de la bonne ville d'Arraz.

[*Orig. papier. — Archives comm. d'Arras.*]

XXI

Amiens, le 10 novembre 1357. — Jean de Picquigny, gouverneur d'Artois, écrit aux maire et échevins d'Arras pour se justifier d'avoir favorisé l'évasion du roi de Navarre.

Tres chiers et espéciaulx amis,

Comme tous jours j'aie esté et soie ad présent désirans de obvier, de tout men petit pooir, à grans mauls et inconvéniens qui ont esté et sont ou royaume de France par les ennemis d'icellui, dont il y a trop, j'ai aidié à délivrer le roy de Navare de prison; sy vous pri que de ce ne vous vœulliés esmerveillier, car certainement je l'ai fait pour le pourfit et honneur de tout le royaume et pour aidier à débouter les ennemis hors d'icelli, de le quelle cose il est tres désirans de tout sen cœur, et sui certains que, le plus tost qu'il porra, vous et tous le peuples s'en percevera. Et vraiement, se je n'eusse tres bien seeu le volenté qu'il en a, j'eusse bien envis mis paine à se délivrance, car pardieu j'auroie plus quier à estre mors que on me peust reprouver que j'eusse fait aucun mal au royaume, et par espécial à vous ne

---

[1] L'évasion n'eut donc pas lieu, comme on l'a dit quelquefois, dans la nuit du 7 au 8, mais dans celle du 8 au 9, selon l'opinion la plus générale.

à la conté d'Artois, que j'ai à warder plus que nulz autres. Et fuisse tantost alés par devers vous pour vous dire plus ad plain tout l'estat ; mais il me convient tantost aler à Paris par devers mons^r le Duc et le prévost des marcheans, et, le plus tost que je porrai, je me trairai par dela ; sy vous pri que pour ce ne vœulliés avoir aucune souppechon sur mi. Et je pense qu'il vous escript la bonne volenté qu'il a au royaume, par quoi je pense que vous vous en tenrés pour bien content du fait. Tres chier et boin ami, s'il vous plaist cose que je puisse, mandés le me, je le ferai tres volentiers. Nostre Sire vous ait en sa sainte warde.

Escript à Amiens le xe jour de novembre.

JEHAN DE PINQUEIGNY,
gouverneur d'Artois.

L'adresse sur le pli : A honnerables et sages mes tres chiers et boins amis maieur et eschevins de la ville d'Arras [1].

[*Orig. papier.* — En déficit aux Archiv. comm. de la ville d'Arras.]

---

[1] Les États généraux s'étaient réunis le 7 novembre 1357. Le roi de Navarre s'évade le surlendemain, fait son entrée à Paris le 29, traite avec le dauphin le 12 décembre, et l'Assemblée s'ajourne au 13 janvier 1358.

A cette date, nous trouvons le renseignement suivant dans un rôle de l'argentier d'Arras, le seul que nous ayons de cette époque, encore est-il incomplet :

« Pour une voie faite par Nievle du Luton et Jehan le Normant à Paris au mandement mons^{gr} le duc de Normendie et des trois estats, et se partirent le xiie jour de janvier l'an LVII, demourèrent XVIII jours à IIII quevaux et despendirent, tant pour frais de bouche et de quevaux comme pour le salaire d'un vallet à piet qu'ilz menèrent avoec eux, LII lb. — escus XIX s. — sont LIII escus et demi IIII gros et demi. »

Cet échevinage de quatorze mois avait commencé à la fin de décembre 1346 ; il paraît donc certain que la partie manquante du rôle enregistrait les voyages de ces mêmes députés aux assemblées antérieures, si déjà ils n'y siégeaient, ce qui est probable, sous l'échevinage précédent, celui de la grande émeute de 1356, et même auparavant.

Quoi qu'il en soit, l'un et l'autre appartenaient à nos vieilles familles bourgeoises.

Il n'en est pas de plus connue à la fin du XIIIe siècle que celles des Le Normant, alors propriétaires du manoir de Bellemote. Jean le Normant, relevé en 1369 et 1373 dans les épaves de nos listes échevinales, mourut vers 1380. Il possédait, rue des Chariottes, en face de l'hôpital des drapiers, un hôtel contigu à celui de son collègue à la députation.

Nicole du Luiton (et non du Linton), était fils de Sauwale ou Soale du Luiton, nommé receveur général d'Artois après André de Monchi, 1337-1344. Sauwale, lui-même fils de Sauwale, fut échevin en 1330, 1335, 1341, 1346. Outre

XXII

Deux rôles des gens d'Église, nobles et bonnes villes convoquées aux premières assemblées générales des États de la province d'Artois.

CE SONT LES PRÉLAS, NOBLES ET BOINES VILLES D'ARTOYS QUI MANDÉ FURENT PAR MONSGR A ARRAS.

1

Che sont les noms que portera [1] . . . . aux gens d'Eglize, noblez et boines villes de le conté d'Artoys.

Premiers s'ensuit gens d'Eglize :

Le prieux d'Aubigny,
Le doiien et cappitle de Saint Pol en Saint Pol,
L'abbé d'Anchin,
L'abbé de Chercamp,
Le prieux de Romilli,
L'abbé de Nostre Dame en Bouloigne,
L'abbé de Samer ou bos,
Le prieux de Beugecent,
L'abbé de Rousseauville.

Nievle ou Nievelon, il eut pour enfants Jean, Catéline et Jacole qui épousa, le 17 septembre 1370, Guillaume de Roubaix, écuyer.

Ce « Saulet du Lutun » mourut en 1349; sa veuve « Nievelotte du Lutun », en 1357.

Nievelon mourut en 1373, laissant une fille, Jeanne, mariée à Gilles Crespin, laquelle, outre ses maisons d'Arras, notamment celle de la rue des Chariottes, ci-dessus, et une autre nommée *le Plonc*, ancienne rue Saint-Nicolas, succéda à son fief de Becquerel. Devenue veuve avant 1382, la « demoiselle du Luiton » vivait encore en 1396.

Le manoir et la cense du Luiton ou du Luton reliaient, sur la chaussée de Blangi, l'enclos de Bellemote à celui de l'Oiselet. Ce mot est l'ancienne forme bien connue de « lutin ». Mais il me semble plus vraisemblable d'y voir ici le diminutif de « lus, luis » (*lucius*), synonyme de « brocheton », enseigne toute naturelle d'une maison située au quartier des poissonniers d'eau douce appelé *Fosses*.

Le chroniqueur poète G. Chastellain emploie ce mot dans *L'Oultré d'amour* pour désigner le merlus (*maris lucius*, all. seehecht), brochet de mer :

> J'en sçay moins qu'un *luton de mer*.
> Ed. Kervyn de Lettenhove (1864), t. VI, p. 113.

[1] Le nom du messager laissé en blanc.

Item s'ensuit les nobles :

Primo. Le conte de Bouloigne ou le sénescal,
Le conte de Saint Pol ou le sénescal,
Le seigneur de Diquemue,
Mess. Arnoul de Créky,
Mess. Warin de Bécourt,
Mess. Guillaume de Créky,
Mess. de Brimeu,
Mess. de Contes,
Mess. de Preulles,
Mess. de Berniullez,
Mess. du Faiel,
Mess. Bernard de Quatrevaux,
Mess. de Rely et ses ii frères,
Mess. Baugois d'Anving,
Mess. d'Ez,
Mess. de Fiez,
Le Brun de Cuinchy,
Le seigneur de Rolencourt,
Le seigneur d'Aisencourt,
Le seigneur de le Tieuloie,
Le seigneur de Bellete,
Le seigneur de Division,
Le seigneur de Markais,
Le seigneur d'Aveluys et sen fil,
Le seigneur de Wavrans,
Le seigneur de Heuchin,
Loeys d'Aucy,
Le seigneur de Boufflers,
Le seigneur de Bachimont,
Le seigneur de Novion,
Le seigneur de Flamermont,
Le seigneur d'Arly.

Item, s'ensuit les boines villes :

Primo. Saint Pol,
Heding,
Bouloigne,
Estapples.

Item, qu'il soit dit aux baillis des boines villes du pays de ma dame et de son ressort que tous les chevaliers notablez de leurs bailliages et chastelleniez que il venront dedans ledit jour, que il facent commandement de par ma dame que il soient à ledite journée que mons^{gr} de Flandre a mandé; et que ainsi soit mandé et publiet en tous lez lieux notablez à faire cry que il soient audit jour par devers mons^{gr} de Flandre sur quanquez il pœnt meffaire.

Empreinte écrasée d'un petit signet sur cire rouge.

2

Che sont les noms que portera [1] . . . . aux gens d'Eglize, noblez et boines villez de le conté d'Artois.

Premiers gens d'Eglize :

Le doyen et cappitle de Lens,
L'abbé de Henin Liétart,
L'abbé d'Anchin pour ses maisons,
L'abbé de Marchiennez pour ses maisons,
Le doyen et cappitle de N. D. de Cambrai pour leurs maisons,
Le vicaire mons^{gr} de Cambrai,
Le abbé de Saint Aubert pour ses maisons,
Le abbé de Cantimpré,
L'abbé d'Arouaise,
L'abbé d'Yaucourt.

Item, s'ensuit les nobles :

Premiers. Mess. de Willerval,
Mess. de Villers à Huluch,
Mess. Pierre de Cohem,
Mess. Jaque d'Olehain.
Mess. de Bauffremez et Hustin sen fil,
Mess. du Bos,
Mess. Huistasse de Noefville,
Les seigneurs de Auchi, ma dame ou leurs gens,
Le Baudrain d'Aisne à Sains,
Le seigneur d'Inchi,
Mess. Gille de Buissi,
Mess. de Sappigniez,
Mess. de Longheval,
Mess. de Waencourt,
Mess. de Vaux,
Mess. Payen de Mailli,

[1] Le nom du messager laissé en blanc.

Mess. Jehan de Sailli,
Le vidame de Chartres,
Mess. d'Autuille,
Mess. de Ronsal,
Jaque Hellin,
Mess. de Souastre,
Le seigneur de Fiefviller,
Les gens madame de la Marche,
Le seigneur de Noielle,
Mess. Jehan de Ruillecourt,
Mess. de Mainghoval,
Mess. de Warluisel,
Mess. de Biaufort,
Mess. Pierre de Guoy,
Mess. de Sombrin,
Le seigneur de Seu Saint Legier,
Le seigneur de Caumaisnil,
Le Bleu de Wingles.

Les bonnes villez :

Lens,
Henin,
Bappaulmez.

Item, que il soit dit aux baillis des boines villes du pays de ma dame et
de son ressort que tous les chevaliers notables de leurs bailliages et chastel-
lenies que il venront dedens le dit jour, que il facent commandement de
par ma dame que il soient à la dite journée que mons^{gr} de Flandre a
mandé; et que ainsi soit mandé et publié en tous lieux notables à faire cry
que il soient au dit jour par devers mons^{gr} de Flandre, sur quanquez il
peont meffaire envers ma dite dame.

Enpreinte effacée d'un signet sur cire rouge.

[Ces deux rôles en papier, de 0 m. 32 sur 0 m. 42, offrent cette particularité
qu'en face de chaque nom la marge porte une incision destinée vraisemblable-
ment à contrôler l'expédition ou la remise du message. — Archives du Nord,
Chambre des comptes. Portefeuilles non inventoriés.]

XXIII

Instruction sur le haut commandement militaire et la levée des subsides votés par les États d'Artois pour la défense de la province contre les grandes compagnies.

De par le conte de Flandres, duc de Brabant
au bailliu d'Arras.

Ch'est l'instructions faite pour le fait avisé et accordé par nous, conte de Flandres et par les gens du conseil ma dame, par les gens du clergié, les nobles et des bonnes villes du païs d'Artoys, pour l'onneur de ma dame et pourfit de son dit païs et subgés d'Artoys :

Premièrement, pour le fait de la guerre, à l'honneur et pour la deffence du païs, sont avisé et esleu mareschal li sires de Villers et Oudars de Renty.

Item, sont avisé et ordené trésorier, qui aront le garde des deniers de l'aide : pour le clergié, le recheveur de Saint Vaast et le provost de Nostre Dame d'Arras; et de la partie des nobles, monsᵍʳ de Willerval et le seigneur de Waencourt; et de la partie des bonnes villes, Symon de Lens et Colart de Bequerel.

Item, pour tout le fait d'Arraz, selonc l'ordenance chi après déclairie, maistre Regnault d'Anving, général recheveur; et à le dite recepte d'Arras seront compris les bailliaiges d'Arraz, de Lens, de Bappalmes, d'Avesnes, d'Aubigny, et le conté de Saint Pol.

Pour estre es parties de Saint Omer, trésoriers esleus : pour le clergié, monsᵍʳ l'abbé de Saint Bertin et monsᵍʳ le chantre de Saint Omer; et de le partie des noblez, monsᵍʳ Guillebert de Stᵉ Audegonde, le père, et le seigneur de Wisque; et de le partie des bonnes villes, Jehan Nevrelin et sire Adenoufle de Stᵉ Audegonde.

Item, pour tout le fait de Saint Omer et ressors, selonc che qu'il y sera ordené, Tassart de le Vigne, général recheveur; et de la rechoite de Saint Omer seront li bailliaige de Saint Omer, de Hesding, de Béthune, d'Aire, d'Espreleque, de le Montoire, de Tournehem, Boulenoys, Fauquemberghe. Et de le conté de Boulongne, l'abbé de Nostre Dame, monsᵍʳ de Preule et maistre Henry le Parmentier.

Item, est avisé pour plus dehuement le fait mettre sups que caseuns baillius en se baillie commettera un sergant ou pluiseurs, li quels yra par toutes les parroches de la dite baillie et appellera avœques di le curé des dites parroches, par les quels sergant et curé sera sceu et enquis loialment et sans fraude le nombre par nons et par sournons des demourans es dites parroches; et enquerront des nobles et de tous chiaus qui ont ʟ lb. de terre et au deseure par non et par sournon, et cheulz de desous ʟ lb. de terre demourront au compte de scheuls de plat païs.

Item, avœc che fera li seigneur command à ceulz de L lb. de terre et au deseure qu'il viengnent par devers le bailliu de quel bailliaige il seront pour jurer de leur revenue, et selonc che qu'il aront de revenue paieront est assavoir : li clergiés, de C lb. de revenue IIII royaus, tant de leurs bénéfices comme de leur patrimoine; et li noble, de C lb. de terre III flourins royaus, du plus et du mains qu'il aront de revenue au dessus de L lb. Et seront tenu li sergant de raporter par escript le nombre des fus et les personnes de deseure L lb. de terre et le revenue telle qu'il l'aront.

Item, sera enquis par le curé et sergant des revenues que ont chil del Eglise qui n'ont regart as bénéfices qu'il tienent, et avœc che leur feront commandement qu'il en viengnent dire la vérité et les baillent par escript aulx baillius, tant de che qu'il ont de revenue de leur patrimoine comme de leurs bénéfices, pour porter au recheveur général.

Item, par sanlable manière, les bonnes villes rapporteront justement et loyalment par devers ledit recheveur le quantité de leurs fus, et leur sera commandé par le dit seigneur, et de che feront serement chil qui ont le gouvernement des bonnes villes et paieront pour cascun C fus XL florins royaus.

Item, que li sergans et curés de cascune ville du dit plat païs commetteront en cascune d'icelles villes III personnes qui feront l'assise entre eulz justement et loyalement, et asserront cascun selonc che qu'il aront connissanche de son vaillant, en soubsportant le feble par le fort, au pris, de C. fus XX royaux, li quel commis seront tenus du dit argent rechevoir et de le porter au recheveur. Et s'aucuns d'icheulz du dit plat païs estoit en deffaute de paiier, on constrainderoit le corps de le ville à paiier che dont en seroit en arriérages, et la ville aroit sen retour de requerre ses frais sur cheulz qui seroient en deffaute.

Item, est avisé que li baillus d'Arras et li recheveur généraulz de la dite baillie commeteront recheveurs particulers en cascune baillie ordené à paiier au recheveur général en la ville d'Arras.

Item, par sanlable manière sera fait par le bailliu de Saint Omer et le recheveur d'icelle ville.

Item, est ordené que tout chil à qui commandement sera fais qu'il s'entremèche de office quels que il soit pour le fait dessus dit, seront tenus du faire et ne le porront refuser sans encourre en l'indignacion de ma dame et le nostre et avoec che encourre en l'amende de LX lb. au pourfit du fait dessus dit.

Item, seront données commissions par nous aulx trésoriers, recheveurs généraulx et baillius d'Arras et de Saint Omer par vertu des quelz il seront commis de faire et de commettre à faire les choses dessus dites.

Item, est avisé que li recheveur général aront cascuns C frans pour un an, et avœc che compteront ces trésoriers commis sur le dit fait de leurs missions d'escriptures, de clers et de leurs aultres frais en le manière que à recheveurs appert; et parmi le dit salaire, seront tenus de balier quitance as recheveurs particulers sans prendre aultre salaire; et bailleront li recheveur général les deniers de le rechepte par devers les dis trésoriers, et non ailleurs, en prendant lettres d'iaux de che qu'il aront rechu.

Item, aront li recheveur particuler pour les quitances qu'il bailleront à cascune ville du plat païs II gros de Flandre, et à cascune singulère personne I gros de Flandre; et pour leurs gaiges, pour mille royaus de rechoite aront VI royaus, et du plus et du mains à l'avenant.

Item est ordené que li sergant ne recheveront riens, mais constrainderont à paiier aulx recheveurs; et, pour cascune journée qu'il entenderont au dit fait par l'ordenance et commandement des eschevins, aront pour le jour VI gros de Flandres, que paiera le recheveur sur le dit fait.

Item, aront li dit sergant, de chascune ville qu'il yront contraindre et justicier, V gros de Flandres pour le jour, à prendre les sour chiaus que on justichera, et ne prenderont aultres gaiges.

Item, seront tenu les bonnes villes de paiier au recheveur général, et li recheveurs baillera quitance de che qu'il rechevera en prendant V s. pour se quitance.

Item, est ordené que li sergant en faisant les choses dessus dites appeleront ad che les seigneurs, baillius ou officiers des lieux, liquel seigneur, baillius et officiers seront tenu de aidier les dis sergans à exécuter le dit fait, cascuns en se juridiction; et au cas qu'il en seroit [défaillant, seroit] enqueu en le paine dite au pourfit comme dessus.

Item, tout li héritaiges, possessions et revenues, tant bénéfices d'Eglize comme aultrez, situez en le dite conté et ressort d'Artoys paieront comme dessus, ja soit che que chil qui che sont n'y demourent point. Et de che enquerre, savoir et reporter seront tenu li commis et rapporter le nombre de fus.

Item, est ordené que tout chil qui s'entremeteront du dit fait jurront et sermenteront que il le feront bien et loyalment, est assavoir : li généraulx recheveur en la main des trésoriers, li recheveur particulers en la main des recheveurs généraux, li sergant en la main des recheveurs particulers et li aultre commis des villes en la main des sergans.

Item, seront li recheveur particulers tenu de compter et paiier as recheveurs généraux; et de che qu'il compteront et paieront, dont il aront quitance d'iaus, demouront paisible. Et li recheveur général et li trésorier compteront à ma dame, à nous ou à nostres députés, appelés chiaus des diz estaz. Et feront serement li recheveur général et trésorier de ma dame à nous ou à nostres députés de faire et tenir loyalment che que li dis fais leur pœt toucquier et appartenir en fait de rechoite et de trésorie.

[Archives du Nord, *Ch. des comptes*, Reg. des Chartes, I, f° 126.]

XXIV

Par lettres du 15 août 1363, le comte de Flandre Louis de Male, au nom de
Marguerite de France, comtesse d'Artois, sa mère, et des États, institue maréchaux d'Artois le sire de Villers et Oudart de Renty, chevaliers.

Loys, etc., à nostres bien amés les seigneurs de Villers et Oudart de
Renty, chevaliers. Comme par le plaisir et du commandement nostre tres
redoublée et chère dame madame la contesse de Flandres et d'Artoys,
nostre mère, avisé et ordené ait esté par nous, par ceuls du conseil nostre
dite dame, ceuls du clergié, les nobles et ceuls des bonnes villes d'Artoys
que honnerable et pourfitable chose seroit de pourveoir à pluiseurs inconvéniens et périlz qui pourroient sourvenir au dit païs d'Artoys par le fait
des grans compaignez [1] qui sont en pluiseurs et diverses parties du royaume,
et adfin de entretenir le païs en honneur, en une amour et en une vraye
union, si comme il a toujours esté, et pour le dit païs mettre à deffence et
en bonne ordenance contre les dites compaignez se elles y voloient entrer,
et contre autres ennemis qui y vaurroient meffaire, aient esté avisées et
accordées pluiseurs choses contenues en une Instruction, laquelle nous avons
commise et envoiie close et seellée sous nostre seel par devers les baillis
d'Arraz et de Saint Omer, pour le cause de che que, en la dite Instruction
entre autres choses est convenu que deux bonnes et notablez personnes
soient avisées et esleus pour estre mareschauls, pour faire et entretenir
le fait des gens d'armes et les employer à l'honneur et deffence du paiis,
quant il seroit besoing et mestiers [2], nous et chil des dis estas, plainement
confians del honneur, sens et loyaulté de vous, ayés esté nommés et esleu
mareschal pour ledit fait, par le vertu du pooir que sur ce nostre dite dame
nous a donné et commis, vous ordenons, commettons et députons mareschauls du dit paiis d'Artoys et ressort d'icelli, et vous donnons autorité et
pooir, par cheli à nous commis, de faire et ordener le fait de la dite ma-
reschausie en la manière qu'il appartient à faire et ordener en fait de guerre,
gens d'armes, arbalestriers et combatans, aulz gaiges, pourfis et émolumens
qui sur ce par nous vous seront ordené. Che faites si et par tele manière
que par vous aucun deffaut n'y ait et que par vous aucuns périlz ou inconvéniens ne s'en puissent ensieuir au paiis, dont il desplairoit forment à
nostre dite dame et à nous. Commandons de par nostre dite dame, prions
et requérons chièrement de par nous à tous les subgez de ma dame à qui
li dis fais puet appartenir que à vous et à vostres commis pour le dit fait
obéissent et entendent diligemment.

___

[1] *Sic* au lieu de «compaignies» sans doute mal transcrit.
[2] Le texte de cette phrase a dû être quelque peu altéré par le copiste; le
sens se rétablit en lisant : «et par nous et chil des dis des estas, etc.»

Donné sour nostre seel le xv⁰ jour d'aoust l'an m. ccc. lxiii.

Par mons⁰ʳ en son conseil :

L. WAGH.

[Arch. du Nord, *Ch. des comptes*. Reg. des Chartes, I, f⁰ 128.]

XXV

Par lettres du même jour, 15 août 1363, données de Louis de Male, au nom que dessus, le prévôt de l'Église Notre-Dame et le receveur de l'abbaye de Saint-Vaast, le sire de Willerval et le sire de Waencourt, chevaliers, Symon de Lens et Colart de Becquerel, bourgeois d'Arras, sont institués trésoriers généraux de l'aide votée par les États pour la défense de l'Artois.

Loys, etc., à nos bien amez le prévost de l'église Nostre Dame et le recheveur de l'église Saint Vaast d'Arras, le seigneur de Willerval et le seigneur de Waencourt, chevaliers, Symon de Lens et Colart de Bequerel, bourgois d'Arras, salut et dilection. Comme par le plaisir et du commandement nostre tres redoubtée et chière dame madame la contesse de Flandres et d'Artois, nostre mère, avisé et ordené ait esté par nous, par ceuls du conseil nostre dite dame, ceuls du clergié, les nobles et ceuls des bonnes villes d'Artoys, que honnerable et pourfitable chose seroit de pourveoir à pluiseurs inconvéniens et périlz qui porroient sourvenir ou dit païs d'Artoys par le fait des grans compaignes[1] qui sont en pluiseurs et diverses parties du royaume, et adfin de entretenir le païs en honneur, en une amour et en une vraie union, si comme il a tous jours esté, et pour le dit païs mettre à deffence et en bonne ordenance contre les dites compaignez[1], se elles y voloient entrer, et contre autres ennemis qui y vauroient meffaire, aient esté avisées et accordées pluiseurs choses contenues en une Instruction, laquelle nous avons commise et envoiie close et seelée sour nostre seel par devers nostre amé le bailli d'Arraz; pour che que en le dite Instruction et es lettres de madame à nous envoiies avœc aultrez choses est contenu une certaine aide qui se doit faire et queulier sour ceuls du clergié et sour les noblez, sour les bonnes villes et sour ceuls du plat païs de la conté d'Artois et ressors d'icelle, la quele aide doit estre mise en dépost et garde salvement es villes d'Arraz et de Saint Omer, pour convertir à le tuission et deffence du dit païs d'Artois, s'il est nécessités, à l'encontre de tous ceulz qui y vauroient entrer pour faire et porter damaige, la quele aide doit estre recheue par certains recheveurs particuliers et généraulz et li denier estre baillié par devers certains trésoriers généraulz qui ad ce seront commis et qui en aront la garde, selonc ce qu'il est contenu en le

----

[1] Voir la pièce XXIV, note 1.

dite Instruction et lettres; et sur ce, par grant délibération, par nous, par le conseil de nostre dite dame et par ceuls des dis estas, plainement confians du bien, sens et loyauté de vostres personnez et de chascun de vous, ayés esté avisé et eslen trésorier général de toute la rechoite qui se doit faire pour la dite ayde par le recheveur général commis en la dite ville d'Arraz; pour chou est il que nous, par le pooir à nous sur ce ottriet et commis par nostre dite dame et de par nous, vous six dessus nommés instituons, commettons, ordenons et par ces présentes establissons trésoriers généraulz des deniers qui pour la dite aide seront rechu et qui bailliet vous seront par le recheveur général d'Arraz. Et vous faisons commandement et deffence, de par madame et de par nous, que les dis deniers vous mettés et gardés salvement en la ville d'Arras, ou lieu ordené et déclairiet en la dite Instruction; et en aucune manière d'îlœque les ostés, bailliés ne délivrés à quelconques personne ne pour quelconques mandement que che soit, se n'est tant seulement pour mettre et emploier à la deffence du païs et par l'accord de ceulz des dis estaz, en baillant vostres lettres ou dit recheveur général de che qu'il vous aura délivré et bailliet; par les quellez rapportant, che qu'il vous ara ensi bailliet li portera aequit par tout et li sera rabatu de sa rechoite. Et de che faire et toutes autres choses touchant le fait de la dite trésorie, selon le contenu de la dite Instruction, vous donnons auctorité et pooir par cheluy à nous commis, mandons et commandons de par madame au dit recheveur et à tous les subgez de madame, leur prions aussi de par nous, que à vous six, as chuinq et as quatre de vous de chascum estat, obéissent diligemment.

Donné sour notre seel le quinzime jour du moys d'aoust l'an mil ccc. LXIII.

Par mons^{gr} en son conseil :

L. WAGH.

Mêmes lettres de commission du comte pour l'abbé de Saint-Omer et le chantre de l'église de Saint-Omer, Guillebert de Sainte-Audegonde, et le seigneur de Wisque, Jehan Nevrelin et Adenouffe de Sainte-Audegonde, nommés trésoriers généraux de Saint-Omer.

Lettres du même, pour Regnault d'Anving, bourgeois d'Arras, nommé receveur général d'Arras.

Lettres du même pour Tassart de la Vigne, nommé receveur général de Saint-Omer.

[Arch. du Nord, *Ch. des comptes*, Reg. des Chartes, I, f° 128.]

La Société de l'histoire de Paris reproduira en fac-similé, dans le tome XXIV de ses Mémoires, en ce moment sous presse, deux des documents ci-dessus, la lettre de Jean le Bon et celle d'Etienne Marcel, pièces XVIII et XIX.